GAULOIS ET FRANKS

EXTRAIT DU CATALOGUE

LIBRAIRIE GÉNÉRALE DE VULGARISATION

Alfred DEGORCE, Éditeur

Bibliothèque[1] du PATRIOTISME par l'HISTOIRE

Raoul POSTEL...............	Gaulois et Franks.
—	Roland et Charlemagne.
—	Du Guesclin et son époque.
—	Jeanne d'Arc.
—	Bayart et son époque.
—	Turenne.
—	Carnot et son Œuvre.
—	Le général Hoche.
—	Kléber et Marceau.
—	Nos Héroïnes.
—	Les Français au Canada.
Dʳ PHILIPPS	Duguay-Trouin.
—	Jean Bart et Du Quesne.
Ernest BILLAUDEL..........	Les Braves Cœurs.
Gabriel BONNET...........	Grandes Actions, Modestes Héros.
—	Les grands Hommes de bien.

TOUS LES OUVRAGES DE LA COLLECTION SONT COMPLETS
EN UN SEUL VOLUME

[1] Prix, le volume broché : 1 fr. 25.

CHEF GAULOIS

RAOUL POSTEL

GAULOIS

ET

FRANKS

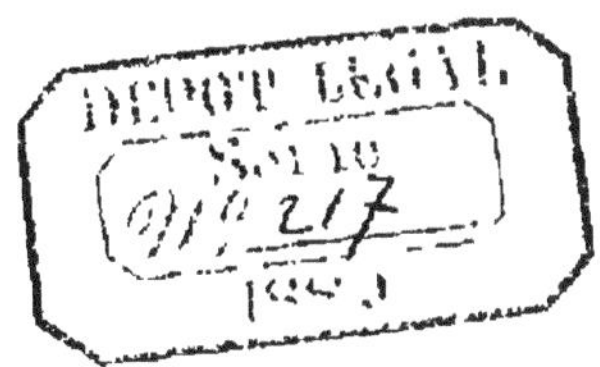

PARIS

LIBRAIRIE GÉNÉRALE DE VULGARISATION

Alfred DEGORCE

22, RUE DE VERNEUIL, 22

AVERTISSEMENT DE L'ÉDITEUR

En ajoutant à nos Collections cette *Bibliothèque d'Œuvres patriotiques*, nous n'avons pas eu uniquement pour but d'instruire la jeunesse, car ce but était déjà le nôtre lorsque nous avons précédemment entrepris les diverses séries composant nos ouvrages de Vulgarisation : à ce point de vue, nous n'avons eu qu'à suivre le plan que nous nous étions imposé. Mais, cette fois, nous nous sommes inspiré d'une idée plus particulière, qui nous a paru sinon faire défaut, du moins être comprise autrement dans les nombreuses Collections analogues éditées jusqu'à présent : en un mot, il nous a paru utile de mettre en relief les époques mémorables de même que les divers personnages, grands ou petits, qui, dans le cours de notre Histoire nationale, et en dehors de tout esprit politique, se sont signalés, d'une façon ou d'une autre, par leur amour et par leur dévouement envers la Patrie.

L'histoire générale d'un pays ne saurait envisager complètement ni tous les faits ni toutes les personnes; si impartiale et si scrupuleuse qu'elle puisse être, il reste toujours, à côté des grandes figures et des grandes actions qui s'imposent, des physionomies secondaires et des épisodes plus modestes, lesquels, pourtant, méritent d'être rappelés ; il y a, enfin, des oubliés, des méconnus. Pour tous ceux-là, cependant, la justice du souvenir doit être égale, et pour quelques-uns, parfois, une réparation est nécessaire. Notre *Bibliothèque d'Œuvres patriotiques* est destinée par nous à restituer à tous ces héros la place légitime qui leur est due. Le Patriotisme, partout où nous le rencontrons, a droit à la reconnaissance de la postérité.

Nous étudierons ce côté spécial de notre Histoire depuis ses origines jusqu'au commencement du siècle actuel, c'est-à-dire jusqu'à la fin de notre grande Révolution : nous n'avons pas cru pouvoir dépasser cette extrême limite. Mais la matière sera amplement suffisante pour que les jeunes esprits auxquels nous nous adressons puissent trouver les exemples les plus multiples et les plus variés d'une vertu qui doit leur être chère. Nous étudierons le Patriotisme sous ses moindres aspects, et l'héroïsme féminin y trouvera sa place auprès de celui du jeune homme ou même de l'enfant; dans notre Histoire, l'amour de la Patrie a été de tous les temps, de tous les sexes et de tous les âges.

Nous espérons que nos lecteurs feront à notre nouvelle Collection le même bon accueil qu'aux Collections précédentes : celle-ci en est le complément indispensable. Nous n'y avons épargné ni notre soin ni notre travail.

L'ÉDITEUR

PREMIÈRE PARTIE

———

LA GAULE AVANT L'INVASION DES FRANKS

I

Les Gaulois avant la Conquête romaine. — Mœurs ; religion ; coutumes ; administration civile et militaire. — Les Druides et les Druidesses gardiens officiels de l'indépendance gauloise.

Jamais, peut-être, aucun pays n'a été foulé par autant d'éléments ethniques, simultanés ou successifs, que le sol de notre vieille Gaule. La douceur de son climat et la fertilité de son terroir, arrosé par cinq grands fleuves et rafraîchi par les brises de trois mers, expliquent suffisamment ces multiples exodes. Le phénomène le plus étrange que présente ce jet continu et ininterrompu de migrations disparates pendant près de dix siècles, c'est leur agrégation complète à partir du v° siècle de notre ère, qui se termina par la constitution définitive de la France ; phénomène sans précédent, et qu'on ne pouvait prévoir : « Car, ainsi que le remarque fort justement Michelet (1), toute autre chose eût pu résulter de ce mélange. Dans les autres pays, il y a des *nations :* dans le nôtre, il y a une unité très spéciale ; la France est une *personne.* » Cette vérité profonde, autant qu'indéniable et frappante, nous nous proposons d'en développer ici la démonstration historique.

Quelles furent, à l'origine, ces races d'invasion ?

« Dans le premier âge, constate encore le même historien, il n'y a pas de France ; il y a la Gaule, sur laquelle les races viennent se déposer l'une sur l'autre : Galls, Kymris, Bols ;

(1) Michelet, *Notre France.*

d'autre part Ibères ; d'autres encore, Grecs, Romains, par-dessus les Celtes ; enfin les Germains, les derniers venus du monde.

« Au Midi ont apparu les Ibères de Ligurie et des Pyrénées, avec la dureté et la ruse de l'esprit montagnard ; puis, les colonies phéniciennes. Longtemps après viendront les Sarrasins.

« Au Nord, les Kymris, ancêtres de nos Bretons, les Bols ; l'ouragan traverse la Gaule, l'Allemagne, la Grèce, l'Asie Mineure ; les Galls suivent, la Gaule déborde par le monde. »

Ce tableau rapide a, quelque peu, besoin d'être dégagé, éclairci. Nous n'avons à nous préoccuper simplement que de nos ancêtres directs ; nous laisserons donc les autres peuples de côté, nous bornant sur leur compte à des indications sommaires s'il est utile pour notre Étude d'en donner.

Les premiers hommes qui peuplèrent le centre et l'ouest de l'Europe furent les Gaulois. Ce sont nos véritables ancêtres ; car leur sang prédomine de beaucoup dans ce mélange successif de peuples divers qui a formé définitivement notre nation, et leur esprit, leurs vertus et leurs vices propres se sont conservés, de même que les traits essentiels de leur type physique, dans l'ensemble de l'organisme matériel et moral du peuple français actuel.

Venus primitivement des hauts plateaux de l'Asie centrale avec les aïeux des Grecs et des Latins, et bien des siècles avant les Teutons, marchant toujours devant eux vers les lieux où le soleil se couche, franchissant hardiment fleuves et bras de mer sur leurs fragiles nacelles d'osier recouvertes de cuir de bœuf, ils ne s'arrêtèrent que lorsqu'ils eurent rencontré par delà les îles de l'Ouest ces abîmes du Grand Océan que le seul Colomb devait nous apprendre officiellement à franchir. Les traditions les plus reculées nous montrent leurs tribus couvrant la face de l'Occident entier, depuis les îles perdues d'Érin et d'Albion jusqu'aux vastes régions transrhénanes et danubiennes ; ce qui faisait dire aux Druides qu'ils étaient « indigènes », expression qu'il faut entendre par celle de « premiers occupants » du sol détenu par eux. Ils se nommaient déjà eux-mêmes *Gaëls* ou *Galls*, du nom du second fondateur légendaire de leur race. Les écrivains romains ont simplement latinisé cette appellation, que la langue française a, plus tard, défigurée davantage.

Ces Gaëls primitifs, tatoués, ou le corps teint d'une couleur bleue extraite du pastel, armés de haches et de couteaux de pierre, de flèches à pointes de silex, d'épieux durcis au feu, de longs et étroits boucliers de bois, devait offrir une certaine ressemblance extérieure avec les belliqueux sauvages modernes des Iles océaniennes ou des deux Amériques. Toutefois, ils jouissaient d'une civilisation beaucoup moins rudimentaire, étant pasteurs en même temps que chasseurs, possédant même des notions d'agriculture assez étendues, notamment la culture du seigle et du blé, ayant surtout pour caractéristique l'organisation patriarcale du *clan*, mot qui désigne successivement, suivant les périodes historiques parcourues, la famille, la tribu, la nation, sans jamais perdre son sens primitif. Les Gaëls d'Écosse l'ont conservée intégralement jusqu'au xviiie siècle. Comme on l'a fait ressortir avec raison (1), c'était la famille s'étendant chez les Gaëls ou Gaulois de degré en degré. Peu à peu, en grandissant, ces clans se transformèrent en d'innombrables peuplades indépendantes, mais agglomérées en plusieurs groupes par des liens fédératifs. Telle était la Gaule connue des historiens latins, celle qu'ils nous ont décrite.

Dans la forêt et dans le pâturage, sur les plateaux, dans les clairières, au bord des eaux, partout se sont élevées bientôt une multitude de grandes bourgades : les Gaulois ont toujours aimé, du reste, à se grouper, et le clan, cette commune primitive, n'est qu'une masse volontaire. Çà et là apparaissent des enceintes fortifiées, sortes de camps retranchés où les populations, en temps de guerre, se retirent avec leurs troupeaux. Au Nord, ces places de refuge se cachent dans les fourrés des bois et dans les ilots des marais; à l'Ouest, elles s'étendent sur les falaises escarpées des côtes neustrienne et

(1) H. MARTIN, *Histoire de France*, t. I, liv. 1er, p. 3.

armoricaine ; dans l'intérieur, elles s'élèvent sur des collines, dans des situations dominantes, comme les acropoles et les *arces* grecques et latines. Les sauvages tribus de l'extrême Nord n'habitent pas leurs forteresses ; mais ailleurs les places fortes tendent à devenir des villes, des centres de population : elles ne sont pas seulement, comme dans l'Ardenne, protégées par des abatis d'arbres et des taillis entrelacés ; elles sont entourées de fossés et de remparts.

Les maisons, spacieuses et rondes, sont construites avec des poteaux et des claies revêtues en dehors et en dedans de terre battue, leurs toits élevés formés de bardeaux de chêne et couverts de chaume ou de paille hachée et pétrie dans l'argile. Des tables en bois, des peaux de bêtes servant de lits, de sièges et de tapis, constituent à peu près tous les meubles de ces demeures vastes, mais nues. Parfois des vases d'argent, contrastant avec cette simplicité, révèlent la richesse minière du pays ; mais cette richesse apparaît bien mieux encore au cou, aux bras et aux doigts des hommes et des femmes. Les colliers, les bracelets, les anneaux d'or étincellent de toutes parts chez les guerriers de renom ; l'or, l'argent et le corail ornent leurs sabres et leurs boucliers : leurs saies ou blouses, de laine épaisse ou légère suivant la saison, et leurs braies ou pantalons, étroits et longs, sont bariolés de carreaux aux vives couleurs ou semés de paillettes et de fleurons éclatants. Somme toute, les Gaulois aiment ce qui est vif et brillant, ce qui réjouit l'œil et l'imagination : éblouir ses amis et faire trembler ses ennemis, telle est leur ambition la plus grande. Un seul trait fera juger ce point saillant de leur caractère.

En 280 avant l'ère moderne, un *brenn* (général en chef élu) de Gaëls et de Tectosages confédérés avait conduit ses bandes jusqu'en Macédoine. Un historien grec raconte que, partout où il allait, ce chef gaulois convoquait en assemblée « les hommes et les femmes », et leur montrait, d'une part, des captifs grecs de petite taille et de débile apparence, la tête rasée, chétivement vêtus, et, de l'autre part, les plus grands et les plus beaux de ses Gaulois, avec leurs colliers d'or, leurs crinières

de lion, leurs grandes épées et leurs grandes lances. « Voilà
ce que sont nos ennemis, criait-il, et voilà ce que nous
sommes! » Tout le monde le suivait, et les femmes pres-
saient les hommes de partir. C'est un de ces guerriers sans
peur, sinon sans reproche, qui, d'après Strabon, répondait fièrement à Alexandre : « Nous ne craignons que la chute du
ciel! » Et eux-mêmes croyaient à leurs propres paroles, ce qui
décuplait leurs forces!

Rien, du reste, si on consulte les historiens anciens
contemporains, de superbe et de terrible à la fois comme
l'aspect d'un chef de guerre. Sa haute taille était encore
exhaussée par son casque d'airain, façonné en forme de mufle
de bête sauvage et surmonté de cornes d'urus ou d'élan, d'ailes
d'aigle ou de crinières flottantes; ses yeux, bleus ou vert de
mer, étincelaient sous une épaisse chevelure dont l'eau de
chaux avait transformé la nuance blonde en une teinte enflammée; de longues moustaches rouges ombrageaient ses lèvres.
Sur son grand bouclier quadrangulaire, peint de couleurs bril-
lantes, se relevait en bosse quelque figure d'oiseau ou de
fauve, emblème adopté par le guerrier. Un énorme sabre pen-
dait sur sa cuisse droite; il tenait à la main deux épieux ou
une lance dont le fer, long d'une coudée et large de près de
deux palmes, droit vers la pointe, recourbé à la base en replis
sinueux, causait d'horribles et mortelles blessures. Lorsque,
précédés du long mugissement des trompes d'airain et des
notes tonnantes du chant de guerre (*bardit*), de pareils cavaliers arrivaient comme la tempête en ébranlant les airs de
leurs formidables cris, on conçoit que les légionnaires romains
eux-mêmes sentissent frissonner leurs cœurs intrépides sous
leurs cuirasses de fer (1). Tous les Gaulois, au surplus, affec-
taient un extérieur aussi farouche avec leurs chevelures
vierges du fer, qu'ils relevaient comme une crinière vers le
sommet de la tête, avec leurs rudes moustaches qu'ils lais-
saient pousser de toute leur longueur. Quant à leurs armes

(1) H. MARTIN, *Histoire de France*, t. Iᵉʳ, liv. II, p. 34.

habituelles, c'étaient, outre la lance, le javelot ordinaire, une autre sorte de javeline qu'on lançait enflammée sur l'ennemi et le dard à trois pointes; mais ils usaient peu de l'arc et de la fronde, méprisant les armes qui frappent de loin et sans péril. C'est ainsi que nos matelots et nos fantassins français contemporains préfèrent encore aujourd'hui l'assaut à la hache d'abordage et l'assaut à la baïonnette.

Nous ne décrirons pas, avec les historiens latins et grecs, leurs festins homériques, où s'entassaient et s'absorbaient d'incroyables quantités de viandes — bouillies, grillées ou rôties, — de laitages et de poisson, plaisirs formidables dont plus d'une fois quelques étrangers plus tempérants se montrèrent épouvantés. Remarquons seulement que le vin, si attrayant pour les Gaulois et qui n'est encore à cette époque naturalisé qu'autour de Marseille et sur les coteaux du bas Languedoc, détrône déjà dans le Midi les bières d'orge et de froment, l'hydromel lui-même, et qu'il s'introduit peu à peu dans l'intérieur par suite des efforts intéressés des marchands massaliotes. Remarquons aussi, comme un trait indiquant le peu d'usage de l'esclavage domestique, que ce sont les enfants des deux sexes qui servent à table. Mais ces repas, nombreux et bruyants, dégénèrent souvent en rixes, la sobriété et la patience n'ayant jamais été des vertus gauloises; et ces rixes se terminent toujours alors par une sanglante bataille où le fer, non la langue ou les poings, tient lieu d'unique intermédiaire : lés femmes elles-mêmes se mêlent de la querelle de leurs maris; « leurs grands bras blancs lancent de grosses pierres avec la raideur d'une catapulte (1). » Ce n'est pas méchanceté ni perfidie; mais « il semble que les Gaulois ne puissent vivre les uns sans les autres, ni les uns avec les autres. Chacun aspirant à passer pour le plus fort et le plus brave, leurs prétentions s'entre-choquent sans cesse » (2) et leurs armes aussi. Cette irascibilité fâcheuse ne les empêche pas, au surplus, de se montrer sociables et même hospitaliers. Depuis qu'ils sont

(1) Amm. Marcellin, XV, 12.
(2) H. Martin, *Histoire de France*, t. Ier, liv. II, p. 34.

sortis de cette sauvage époque de séparation absolue entre les races où l'on immolait à d'impitoyables divinités les rares étrangers que le hasard ou la tempête jetait sur leurs plages, les voyageurs sont accueillis et fêtés avec une hospitalité sympathique; les tribus entières s'assemblent pour écouter leurs récits; on les arrête en plein champ pour les questionner avec une curiosité infatigable. Au fond, cette bienveillance n'est que le déguisement d'un égoïsme particulier à la race gauloise : ses migrations à travers le monde connu ont répandu en tous lieux le renom de son « éloquence »; or, le Gaulois beau parleur recherchera désormais les moindres occasions de faire parade de son élocution facile et railleuse, le sentiment excessif qu'il a de ses mérites personnels ne lui permettant pas d'en dissimuler aucun, surtout le plus apprécié, aux yeux de l'étranger. De ce mélange bizarre de qualités estimables et de déplorables défauts résulte une série de contradictions morales inexplicables. Ces féroces exterminateurs, capables de toutes les cruautés dans le délire de la victoire, sont toujours prêts à s'émouvoir aux plaintes des opprimés et à défendre les faibles contre les forts (1) ; ils apparaissent à la fois naïfs et sagaces, ennemis de tout détour et pénétrant aisément les détours d'autrui, rudes et fins, enthousiastes et moqueurs, crédules et sceptiques, imitateurs et spontanés : en réalité, cette mobilité singulière ne procède pas exclusivement de la vivacité de leur imagination, mais surtout de leur indomptable personnalité toujours prête à réagir contre le despotisme du fait, de leur persistance opiniâtre dans les sentiments intimes et dans les directions essentielles de la vie ; bref, tout à la fois ardents comme des Méridionaux et froidement calculateurs comme des hommes du Nord, assouplissant savamment leurs tempéraments opposés vers un idéal unique : — la glorification de leur race et de leur nom.

En ce qui concerne la famille, le rôle de la femme, le fond même de la vie morale et sociale, les divers historiens grecs

(1) STRABON, IV, 195; CÉSAR, VI, 19.

et latins semblent avoir été en sérieuse contradiction les uns
avec les autres sur ces trois points essentiels ; toutefois, il
n'est pas impossible d'identifier leurs témoignages, dont les
variations sont, la plupart, plus apparentes que réelles. Le
Gaulois, dit Tite Live, vit grossièrement, si on le compare aux
Romains déjà efféminés à l'heure où ils vont perdre la République ; mais ses manières sont franches et ouvertes dans sa
maison, sa simplicité cordiale, sa propreté et son élégance
rustique véritablement engageantes, au point que son visiteur
étranger s'habitue bientôt sans trop de répugnance aux têtes
humaines clouées en travers des portes, à côté des hures de
fauves, ou aux crânes soigneusement nettoyés et polis de ses
ennemis vaincus qu'il conserve, en guise d'archives de famille,
au fond du grand coffre dépositaire de ses trésors ou de ses
recettes. L'observateur superficiel ne va pas au delà de cette
écorce, qui recouvre pourtant une sève parfois très pure. S'il
est vrai, notamment, que ce soit la femme qui forme morale-
ment l'homme, jamais peuple dans l'antiquité ne témoigna
plus de reconnaissance pour cette seconde création à ses épouses et à ses mères que le peuple gaulois tout entier. Il est possible qu'en droit strict le père de famille gaulois, comme dans
la Rome primitive, ait un droit de vie et de mort sur sa femme
et sur ses enfants ; que, si un personnage considérable vient à
mourir de mort suspecte, ses parents assemblés aient le droit
de faire appliquer sa femme à la torture pour arriver à la dé-
couverte du coupable : en fait, cette barbare constitution de la
famille ne fonctionne pas dans la Gaule continentale, — celle de
nos ancêtres. Il en est peut-être autrement chez les Gaëls d'Erin et
d'Albion, mais encore faut-il se défier des affirmations des historiens romains sur ce point, et plus particulièrement de César, qui
ont accepté et reproduit de parti pris les légendes les plus invrai-
semblables, on devine dans quel but. D'autres coutumes au surplus, dûment constatées par César lui-même, sont absolument in-
compatibles avec un abaissement quelconque de la femme. Ainsi,
les parents de la jeune fille lui donnent une dot, le mari est tenu
d'y réunir une valeur égale, et le tout est administré en commun ;

le mari ne peut aliéner ni le principal, ni même les fruits qui en
proviennent, ce qui signifie qu'il ne peut disposer malgré la
femme et qu'il est obligé au *remploi* en cas d'aliénation, origine de ce régime dotal si sagement conservateur du bien des
enfants à l'encontre d'un époux dissipateur ou imprudent et
resté cher aux prudentes populations de la Normandie et de
l'Auvergne contemporaines ; enfin, le tout, principal et fruits
accumulés, appartient au survivant des deux conjoints. On
n'achète donc pas la femme en Gaule, comme dans certaines
autres législations antiques, on se l'associe ; et sa libre personnalité se manifeste nettement par la propriété. D'autre part, la
femme gauloise est libre de choisir son époux à son gré (1), et,
de plus, les jeunes garçons restent exclusivement sous la direction de leur mère jusqu'à ce qu'ils soient en état de porter
les armes, c'est-à-dire jusqu'à l'âge de quatorze ans. Ainsi César
est forcé de constater la personnalité de la femme gauloise par
la propriété, comme aussi sa liberté dans la consommation et
l'usage de l'acte le plus essentiel de la vie. A son tour, Plutarque va nous révéler son intervention dans certaines occasions
solennelles de la vie publique : « Avant de passer les Alpes et
de conquérir la partie de l'Italie qu'ils habitent maintenant,
raconte ce consciencieux historien, les Gaulois, divisés par
de grandes et implacables discordes, étaient entrés en guerre
civile. Les femmes, s'avançant entre les armées prêtes à se
charger, prirent connaissance du différend et le jugèrent avec
tant d'habileté et de justice qu'une amitié admirable de tous
avec tous s'établit dans chaque peuple et dans chaque famille.
C'est pourquoi les Gaulois conservèrent dorénavant la coutume
de consulter leurs femmes sur la paix et la guerre, et de les
employer à apaiser leurs différends avec leurs alliés. »

Nous avons déjà noté plus haut, en parlant de l'invasion de
la Macédoine, que le brenn, partout où il allait, convoquait les
femmes aussi bien que les hommes. « Ce ne sont pas certes,

____

(1) PLUTARQUE, *De virtutibus mulierum*, t. II; p. 257-258; POLYEN, *Stratag.*,
VIII, 39 ; CÉSAR, VI, 18.

remarque à ce propos Henri Martin, des esclaves écrasées sous
de durs travaux ni d'oisifs instruments de plaisir que ces
belles et fières créatures, tant admirées des historiens, qui nous
les montrent épouses si dévouées, si bonnes éducatrices, éga-
lant en force d'âme leurs maris, auxquels elles préparent des
fils dignes d'eux. » Il est incontestable que les livres des historiens anciens nous montrent en toute circonstance, et sans
réserve aucune, les femmes gauloises jouissant d'une supério-
rité morale évidente. L'explication de cette caractéristique
importante se trouve dans la pureté très réelle des mœurs de
la race. Le mariage y est respecté ; la polygamie ne se rencontre
que chez quelques chefs, et encore à l'état d'accident et d'exception. Tacite nous en a donné l'explication pour ce qui concerne
les Germains : « Les Germains, dit-il, se contentent d'une seule
femme, si ce n'est quelques-uns qui, non pour la volupté, mais
à cause de leur illustration, voient leur alliance recherchée de
plusieurs familles. » Ce motif est le même pour les chefs gaulois, et ce sera celui qu'invoqueront également les rois mérovingiens devenus chrétiens, mais restés polygames. Ce qui est
vrai, c'est que le divorce facile était bien plus dans les mœurs
gauloises que la polygamie.

Les mœurs politiques étaient également d'une extrême simplicité ; mais, même aujourd'hui, elles peuvent passer pour
remarquables. Nous n'hésitons pas, quant à nous, à les considérer comme de beaucoup supérieures à celles de Rome, beaucoup trop vantées par nos légistes modernes. Les Gaulois étaient
partagés en nations, en cantons et en tribus. Communément
chaque nation élisait un chef civil et un chef militaire ; à leur
tour, les chefs de nation, de canton et de tribu avaient pour
conseillers obligés les anciens du pays, et ils répondaient, en
outre, de leurs actions devant l'assemblée du peuple. Les Gaulois, du reste, disaient ouvertement que, « selon l'ordre et le
droit primitif, une nation est au-dessus d'un chef. » Une vieille
loi celtique, allant plus loin, déclarait qu'un roi injuste et un
chef qui ne remplit pas ses devoirs peuvent être dégradés. C'est,
bien évidemment, de ces équitables axiomes de l'antique législa-

tion de nos indépendants ancêtres que s'inspirèrent, en 1789, les membres de notre grande Assemblée Constituante, dignes représentants des traditions du Tiers à nos divers États-Généraux et véritables initiateurs du droit public contemporain.

Quand les nations gauloises se confédéraient contre l'ennemi, elles élisaient un chef suprême pour le temps que durerait la guerre. Plusieurs de ces nations eurent, toutefois, des rois héréditaires ; mais l'institution de la royauté leur parut bientôt dangereuse, et l'on en revint à élire des chefs (1).

Les conseils des nations, ou sénats, étaient formés des représentants des divers cantons : le gouvernement appelé représentatif remonte ainsi jusqu'aux Gaulois. Bien plus, il existait alors une véritable indépendance communale et décentralisatrice à laquelle le Moyen Age revint au xiie siècle de notre ère, à l'abandon de laquelle nous nous sommes résignés depuis, mais que déjà Augustin Thierry revendiquait énergiquement il y a plus de soixante ans (2). Chaque tribu, en effet, était une grande famille, et se gouvernait par la loi de la famille : la terre appartenait aux familles plutôt qu'aux individus, bien que chacun eût son lot ; l'égalité existait entre les enfants mâles, si ce n'est que le dernier-né héritait de la maison paternelle, comme étant le plus faible. Les filles avaient part à l'héritage des biens mobiliers, mais point à celui de la terre, parce que la loi de ces temps guerriers était que celui-là seul détînt la terre qui la pouvait défendre par l'épée. Comme on le voit, la loi de la tribu était bonne et protectrice pour les faibles, pour les vieillards, pour les femmes, même pour les enfants.

A côté de la loi de la famille fonctionnait la loi du *patronage* et la loi de l'*amitié*. Les faibles se mettaient sous le patronage des forts, et les servaient pour être protégés par eux. C'est, du reste, l'habitude de tous les peuples primitifs, dont tous les membres ne peuvent pas soutenir seuls en pleine sécurité et en entière liberté la lutte âpre pour l'existence : c'est

<hr>

(1) H. MARTIN, *Histoire de France populaire*, t. 1, chap. i.
(2) AUGUSTIN THIERRY, *Dix ans d'Etudes historiques*, p. 253-258.

ainsi, notamment, que se constitua la « clientèle » chez les
Romains, dans les mêmes conditions et dans le même but.
Chez les Gaulois, les vaillants contractaient également ensemble des « amitiés », des « confréries », où il n'y avait ni
supérieurs ni inférieurs. D'autres vaillants se mettaient dans
l' « amitié » d'un chef, et faisaient avec lui « confrérie » pour
vivre et pour mourir : si ce chef était tué, tous mouraient avec
lui. Ce dernier mode de communauté ou d'association est spécial à la nation gauloise, — en Europe du moins, — car il est
une des caractéristiques de la race aryenne, et on le retrouve
également en usage chez les populations primitives de l'Inde.
Les guerriers ainsi associés se reconnaissaient à une sorte de
vêtement uniforme, rayé d'une unique couleur éclatante, à la
façon des plaids des montagnards de l'Écosse, mais variant de
teintes ou de dessins suivant les « confréries ». Les autres
ornements, colliers et bracelets de bronze, d'os ou de bois,
étaient les mêmes pour tous. Mais on reconnaissait toujours
ces braves entre tous dans la mêlée : ils combattaient leurs
longs cheveux flottant au vent, et nus jusqu'à la ceinture, pour
mieux montrer leur mépris des blessures et de la mort.

La religion contribuait, tout à la fois par le mystère dont
s'enveloppaient leurs prêtres et par leur énergique intervention
dans toutes les circonstances importantes ou difficiles, à entre-
tenir leur courage et leur fierté. On peut affirmer hardiment que
les Druides et les Druidesses ont été les plus opiniâtres et les
plus invincibles soutiens de la longue indépendance de la Gaule.

Le corps des prêtres gaulois se partageait en trois ordres :
les *Druides*, vêtus de blanc, qui vivaient dans les retraites des
bois, étudiaient la théologie et l'astronomie, enseignaient la
jeunesse et rendaient la justice ; les *Bardes*, vêtus de bleu, qui
célébraient dans leurs vers les vertus des dieux, les révolutions des astres et les exploits des guerriers, chantres popu-
laires dont les puissantes évocations enflammaient les guerriers
et inspiraient le dédain de la mort ; enfin les *Ovates*, vêtus de
vert, qui accomplissaient les sacrifices et guérissaient les maladies. Les Druides tenaient le premier rang ; ils se distin-

guaient par leurs colliers de jaspe et de pierres fines, surtout
par leurs couronnes de chêne (1).

Il existait aussi des communautés de femmes consacrées à la
Divinité : on les nommait *druidesses*. Elles vivaient retirées
dans les îles de la mer et des fleuves, et le peuple les
croyait douées du pouvoir de soulever et d'apaiser les vents et
les flots, de prendre à volonté toutes sortes de formes d'animaux et d'oiseaux, et de prédire l'avenir. On sait quel délicieux
épisode le souvenir de Velléda a inspiré au grand poème en
prose de Chateaubriand. Dans la mémoire du peuple, leur
trace n'a point encore absolument disparu ; les Fées bienfai-
santes de nos grèves du Cotentin et de la Bretagne ne sont
autres que ces pures et belles prêtresses, auxquelles l'imagination populaire, modifiée par l'éloignement des âges, a donné
des noms différents en les ornant des mêmes vertus.

Les Gaulois n'avaient point d'idoles ni de temples, estimant,
comme les anciens Juifs, que la Divinité ne doit pas être défigurée par la main de l'homme et, comme les anciens Persans,
qu'on n'a pas le droit d'en limiter les attributs dans une enceinte close. Ils adoraient l'invisible Puissance Universelle
sous la voûte sombre des forêts de chênes ; ils lui donnaient
le nom d'Esus, qui signifie « Dieu Fort » : le chêne était son
monument commémoratif ; la longévité de cet arbre et son
port majestueux semblaient à ce peuple, uniquement épris de
la force, personnifier aussi dignement que possible l'Éternité
créatrice. C'est aussi pour cela qu'ils considéraient le *gui* crois-
sant sur le chêne comme l'image de l'homme uni à Dieu ; en conséquence, ils avaient fait du gûi de chêne leur plante sacrée.
C'est en vertu de ces mêmes croyances qu'ils n'ont construit d'autels ou de monuments religieux qu'avec des pierres qu'aucune
main humaine n'a taillées ; pour emprunter l'expression de
Henri Martin, « c'est pour cela qu'ils ne nous ont laissé que
des monuments de pierre vierge. »

Ces monuments affectent une forme étrange, mystérieuse,

(1) H. MARTIN, *Histoire de France populaire*, t. I, chap. I.

dont l'aspect stupéfie encore le voyageur et lui inspire une sorte de trouble craintif. Les Gaulois, mêlant la religion à toutes choses, offraient des sacrifices, tenaient leurs conseils de guerre, leurs cours de justice, leurs assemblées d'élection dans des cercles de pierre consacrés, images du monde et du cercle de l'existence, qui n'aura pas de fin. Ces cercles, situés dans les clairières des forêts de chênes, prenaient le nom de *Sanctuaires du Chêne*. On déposait aussi dans ces cercles les enseignes militaires, qui étaient le sanglier d'airain, le dragon rouge, le taureau, un animal fantastique appelé « cheval marin », et l'on venait les y reprendre en grande cérémonie aux jours des dangers publics ou des grandes guerres.

« Nous avons gardé des Gaulois, écrit Henri Martin (1), quelques débris de cercles consacrés et d'autels, quelques avenues de *pierres levées*, dont les restes immenses étonnent le voyageur sur les grèves de Bretagne et qui, selon toute apparence, se rapportaient à la religion. A Carnac, dans le Morbihan, non loin de la presqu'île de Quiberon, il subsiste onze lignes de pierres levées qui partaient d'un cercle de très hautes pierres et qui se prolongent pendant trois kilomètres. A Erdeven, à peu de distance de Carnac, il y a encore treize autres lignes qu'on peut suivre pendant un quart d'heure. Et il y en avait là, autrefois, bien davantage. Il en existait aussi, en Périgord et ailleurs, qui ont été détruites.

« Nous avons encore quelques autres pierres levées, et des buttes qui ont pu marquer les limites des tribus et des nations. Nous avons aussi, mais rarement, une espèce de monument très extraordinaire : c'est un immense bloc de pierre posé en équilibre sur une autre roche, de sorte qu'en le touchant sur un certain point le doigt d'un enfant fait remuer cette prodigieuse masse. Si l'on touche la pierre en tout autre endroit, les bras des géants ne l'ébranleraient pas.

« Le plus grand nombre, parmi les monuments gaulois qui n'ont pas été détruits par les révolutions des religions et des

---

(1) H. MARTIN, *Histoire de France populaire*, t. I. p. 9-10.

DRUIDES. — SACRIFICES HUMAINS

gouvernements et par le défrichement de la terre, le plus grand nombre, et de beaucoup, sont reconnus aujourd'hui pour être les tombeaux de nos aïeux, soit qu'ils consistent en pierres levées, en grottes à découvert, formées de quelques blocs énormes, ou en monceaux de terre ou de pierres renfermant d'autres grottes, ou caveaux funèbres. Il existe, dans un rayon de huit ou dix kilomètres autour des alignements de Carnac, un grand nombre de ces tertres funéraires, les uns encore debout, les autres effondrés. Il semble qu'il y ait eu là comme une ville des morts, et que les druides et les chefs des Gaulois se soient fait inhumer là autour d'un lieu sacré. Anciennement, les tertres funéraires étaient surmontés d'une haute pierre, probablement l'emblème du Dieu suprême, et d'habitude entourés d'un ou de plusieurs cercles de pierres, parce que le cercle, qui est la forme de la terre et du soleil et de tous les mondes, était considéré comme une forme sainte et mettait les tombeaux sous la protection de la Divinité. On ne rencontre le plus souvent, quand on les fouille, que des objets en pierre : peut-être faut-il reconnaître encore ici la même pensée religieuse qui portait les Gaulois à ne construire que des monuments de pierre vierge. Quelquefois, cependant, on trouve des armes de bronze, ou des colliers, ou des bracelets d'or, ce qui indique les sépultures de chefs de guerre, et non de druides.

« Parmi les pierres plantées debout auprès des tertres funéraires, il y en avait d'une hauteur prodigieuse et d'un poids énorme. A Loc-Mariaker, à huit kilomètres de Carnac, on voit à terre, brisé en quatre morceaux, un obélisque de granit d'un seul bloc, aussi long et deux fois plus gros que l'obélisque de la place de la Concorde, à Paris. On n'en voit plus de si grands qui soient restés debout; cependant, il y a encore, dans la lande de Saint-Renan, à quelques lieues de Brest, une haute pierre, un *menhir*, comme on dit dans la langue des Bretons, qui s'élève de douze mètres au-dessus de terre.

« C'est des Gaulois que nous vient ce culte des tombeaux et cette fidélité aux trépassés qui distingue encore aujourd'hui les Français parmi les autres peuples. C'est d'après eux, et comme eux, que nous célébrons, le 2 novembre, la Commémoration des Morts.

« Les tombeaux étaient les vrais temples de ce peuple qui n'avait point de temples. La foi des Gaulois en l'immortalité était telle qu'ils vivaient, pour ainsi dire, d'avance dans l'autre vie. La mort n'était pour eux qu'un voyage; les rapports des vivants avec les trépassés ne leur semblaient interrompus que pour quelques jours : ils chargeaient les mourants de leurs commissions pour les morts, et il y en avait qui se prêtaient de l'argent à rembourser dans l'autre monde; car ils croyaient que la vie future garde les mêmes relations que celle-ci, qui aurait elle-même succédé à une autre vie dont nous n'aurions pas le souvenir. Ils espéraient que la vie future serait meilleure que celle-ci, et qu'on y retrouverait le souvenir des existences passées; ils croyaient que cela dépend de nous, et que nous réglons notre sort futur en choisissant librement entre le bien et le mal; et ils avaient foi à une existence sublime, destinée aux héros et aux sages qui auraient su s'en rendre dignes, et de laquelle on ne retournerait plus jamais dans le mal, ni dans la mort.

« C'est cette croyance qui, au dire des Grecs et des Romains, faisait des Gaulois *le peuple qui n'a pas peur de la mort.* »

A cette croyance, toutefois, se rapportait une coutume cruelle, mais que nous devons d'autant moins dissimuler qu'elle était commune aux Gaulois et à beaucoup d'autres peuples : celle des sacrifices humains. Les Gaulois ne prenaient pas, il est vrai, comme les Phéniciens et les Carthaginois, les enfants à leurs mères pour les immoler à d'impitoyables divinités; mais ils sacrifiaient les criminels à la justice divine, et parfois les ennemis vaincus au dieu de la guerre; et ils sacrifiaient également des innocents qui, s'offrant volontairement à la mort, croyaient, par ce dévouement, détourner le courroux céleste de leur patrie ou de leurs amis. Cette sorte de piété patriotique était connue aussi des Romains; c'est celle de Curtius et de Decius. Seulement, dans l'histoire romaine, elle n'est qu'un accident, qu'une exception ; dans l'histoire des Gaulois, elle est une coutume. Les Gaulois s'imaginaient, du reste, que les innocents qui s'offraient en sacrifice de cette héroïque façon gagnaient tout droit le ciel ; et ils supposaient également que les criminels, en acceptant cette immolation pour racheter leurs crimes, s'ils n'allaient pas encore au ciel qu'ils n'avaient point mérité, évitaient du moins de tomber après leur trépas dans une suite d'existences basses et misérables (1).

Quand la nation gauloise tomba en décadence, son culte, de même que ses institutions, s'altéra, et les superstitions du peuple dégénérèrent parfois en un polythéisme grossier. C'est ainsi que, au commencement de l'ère chrétienne, les habitants de Cologne construisirent un temple dans cette cité. « On y adorait pour Dieu des idoles, écrit Grégoire de Tours, et on y déposait des membres sculptés en bois, qui représentaient ceux où l'on souffrait de quelque douleur ; » il devint promptement « plein de richesses diverses. » Aux environs d'Autun, « les habitants de ce pays promenaient dans les champs et les vignes, sur un char traîné par des bœufs, la statue de la déesse Bérécynthia, autour de laquelle ils chantaient et dansaient pour obtenir d'abondantes récoltes. » Dans le Gévaudan, le lac de Saint-Andéol, situé sur la montagne d'Aubrac, que Grégoire de Tours nomme le mont Helanus, était témoin d'une cérémonie encore plus déplorable. « Là, à une certaine époque, raconte ce chroniqueur, une multitude de gens de la campagne faisaient comme des libations à ce lac ; elle y jetait des linges ou des pièces d'étoffe servant aux vêtements des hommes, quelques-uns des toisons de laine ; le plus grand nombre y jetaient des fromages, des gâteaux de cire, et chacun, suivant sa richesse, divers objets qu'il serait trop long d'énumérer. Ils venaient avec des chariots, apportant de quoi boire et manger, abattaient des animaux et, pendant trois jours, se livraient à la bonne chère. Le quatrième jour, au moment de partir, ils étaient assaillis par une tempête accompagnée de tonnerre et d'éclairs immenses,

(1) H. MARTIN, *loc. cit.*

et il descendait du ciel une pluie si forte et une grêle si violente
qu'à peine chacun des assistants croyait-il pouvoir échapper.
Les choses se passaient ainsi tous les ans, et la superstition tenait
enveloppé ce peuple irréfléchi. » Mais alors, nous le répétons,
les Gaulois étaient depuis longtemps déjà un peuple dégénéré.
Douze siècles de victoires et de conquêtes à travers le monde
connu avaient amolli leur rudesse, et le contact des civilisations
vaincues transformé en scepticisme la pure croyance des
grands jours : on n'est pas conquérant impunément, et la
gloire sanglante des champs de bataille finit par être payée cher.

Avant cette décadence, certains des usages des Gaulois pouvaient être barbares, mais leur âme était restée grande. Honorer la Divinité, ne pas faire de mal aux hommes, cultiver le
courage, telle était leur principale maxime. Les vieilles lois
nationales punissaient les attentats à l'honneur comme les attentats à la vie. « La loi, déclarait l'une d'elles, n'a que trois
objets: le gouvernement, l'honneur et l'âme ; le gouvernement
appartient aux chefs, l'honneur et l'âme appartiennent à tous. »
Faut-il s'étonner maintenant que les Gaulois, appuyés sur d'aussi
virils principes, aient pu si merveilleusement subjuguer et
éblouir le monde ?

Cent vingt ans avant l'ère moderne, les vaillantes tribus
gauloises se déployaient depuis l'Irlande jusqu'au fond de la
mer Baltique, non loin des marais où s'élève aujourd'hui
Saint-Pétersbourg, et depuis la Suède jusqu'aux Apennins
d'Italie, et depuis le cap Finistère, au bout de l'Espagne, jusqu'au fond de l'Asie Mineure. Et l'enseigne du sanglier, emblème principal de la nation, planait sur l'Europe entière et
sur les rivages asiatiques, du haut de toutes les chaînes de
montagnes dominant les grandes presqu'îles et le continent (1)!
Et cette grandeur n'avait rien coûté à l'indépendance nationale! Et chacune des tribus libres vivait fièrement et librement dans l'ensemble de la nation !

(1) H. MARTIN, *loc. cit.*

II

Décadence. — La Conquête romaine. — Gergovie et Alésia.
— Vercingétorix personnifie la patrie Gauloise.

Les Gaulois ne surent ni s'affermir dans leurs conquêtes, ni asseoir leur prospérité. S'étant répandus si loin, ils avaient créé diverses Gaules, devenues à leur tour fécondes et puissantes ; mais ces Gaules de France, des Iles Britanniques, d'Espagne, d'Italie, d'Allemagne et d'Asie étaient sans lien entre elles et sans lien solide chacune avec elle-même. Dans leur intérieur, des troubles et des guerres continuelles s'élevaient pour la prépondérance entre les partis, entre les cantons, entre les nations. La conquête avait tué le patriotisme.

Devant ces confédérations relâchées et hésitantes s'élevait, au contraire, une puissance fortement concentrée sur elle-même, savamment réglée pour la politique et pour la guerre, imitant, s'appropriant et perfectionnant pour son usage ce qu'il y avait de meilleur dans les institutions et dans les armes des autres peuples. Et chez elle, alors, les rivalités intérieures ne produisaient que l'émulation pour mieux agir et toujours agir au dehors. Avec cela peu loyale, étant décidée à tout sacrifier à son utilité immédiate et exclusive. C'était Rome, ville énorme, qui ne constituait pas une nation comme nous l'entendons aujourd'hui, mais qui jetait au loin des colonies unies intimement à la métropole et qui partout, autour de ses colonies, se créait des alliés et des vassaux qui la servaient à la guerre. De nos jours, l'Angleterre a hérité de cette politique,

qui la fait redouter en tous lieux et haïr de tous les peuples,
mais qui la rend grande et forte.

« La Gaule croissait en richesse et en civilisation, constate
encore Henri Martin ; mais elle décroissait en liberté et en
force. L'accroissement de l'industrie et du bien-être, bon en
lui-même, n'est pas toujours un vrai progrès pour les peuples
si les vertus de l'âme ne font pas de progrès quand les biens
du corps augmentent.

« Les Gaulois d'Italie avaient inventé la charrue à roues ;
les Gaulois de Gaule inventent l'étamage et le placage,
qui sont l'application de l'étain et de l'argent à chaud sur
le cuivre. Ils inventent le crible de crin ; la *levure*, ou
l'emploi de l'écume de bière comme *ferment* pour faire
lever le pain ; les tonneaux de bois cerclés pour renfermer le
vin et la bière. Ils exploitent en grand les mines d'or, d'argent, de fer et de cuivre, alors si abondantes dans les Cévennes
et dans les Pyrénées que la Gaule était comme la Californie et
l'Australie des anciens. Ils perfectionnent le tissage, le bro-
chage, la teinture des étoffes ; mais ils ne perfectionnent pas
leurs institutions politiques et militaires. Leurs chefs sont plus
occupés d'éblouir leurs compatriotes de leur magnificence que
de préparer le pays à se défendre contre l'ennemi ; ils montent
sur des chars plaqués d'argent, et se revêtent de tuniques à fleurons d'or : mais ils ne s'étudient pas à imiter les stratagèmes de
guerre des Romains, et ils n'améliorent point la trempe des glaives de fer qu'ils ont substitués aux anciens glaives de bronze.

« L'orgueil était si grand que chacun voulait dominer et que
personne ne voulait céder à un autre. Leur religion leur recom-
mandait la science et le courage ; mais elle ne leur enseignait
point l'amour des hommes, et le mépris de la mort que leur inspirait leur foi en l'immortalité, n'étant pas joint à la charité, les
rendait d'autant plus intraitables.

« L'égalité avait disparu ; la liberté et l'autorité étaient concentrées dans deux classes rivales : les druides, qui étaient les
hommes de science et non pas seulement les prêtres, et les nobles ou chevaliers. Tout le reste du peuple était tombé dans la

dépendance. On se battait fréquemment dans l'intérieur de chaque peuplade, et les peuplades se battaient les unes contre les autres; mais les druides et les chevaliers aimaient encore mieux subir le désordre que la tyrannie qui avilissait les peuples d'Orient.

« Quelques chefs essayèrent d'établir une autorité unique; mais on les mit à mort, car on ne voulait point de roi : de même qu'à Rome on vota une loi qui punissait de mort les prétendants à la royauté.

« Les druides essayèrent d'établir l'unité entre les Gaulois par un autre moyen. Ils provoquèrent la réunion d'assemblées générales annuelles dans un cercle de pierres consacré, en un lieu qui passait pour le point central de la Gaule. C'était dans la forêt des Carnutes, qui est aujourd'hui le grand plateau à blé de la Beauce. Et, dans ces assemblées, le grand-druide et ses assesseurs jugeaient les différends des peuples gaulois et rétablissaient la paix entre les puissants.

« Cette tentative, inspirée par le désir du bien public, n'eut qu'un succès de peu de durée. L'influence des guerriers augmenta, celle des druides alla diminuant; l'esprit de discorde entra chez les druides eux-mêmes, et ils en vinrent, eux, les hommes de la science et de la paix, à se battre pour l'élection de leur chef.

« Ainsi se gouvernait la Gaule lorsqu'elle commença d'être menacée vers le Rhin par les Germains, vers les Alpes par les Romains. »

Le péril était grave. D'une part, les Germains ou Teutons, autre branche de la famille aryenne, avaient déjà enlevé aux Gaulois occidentaux la plus grande partie de l'Allemagne; même leurs bandes commençaient à se montrer sur la rive gauche du Rhin. D'autre part, les Romains, appelés en Gaule par la colonie grecque de Marseille, leur alliée, remontaient le cours du Rhône en conquérant tout devant eux. Les Allobroges, qui habitaient le pays depuis Vienne jusqu'à Genève, appelèrent à leur secours les Arvernes, la plus puissante confédération du centre et du midi de la Gaule; ceux-ci armèrent

JULES CÉSAR

sur-le-champ leurs alliés et leurs vassaux. Mais il eût fallu
rester unis devant l'envahisseur, et les Éduens de la Bourgogne, jaloux des hommes d'Auvergne, firent cause commune
avec lui. Le choc eut lieu sur les bords du Rhône (an 121
av. J.-C.), et l'armée gauloise, prise de panique à la vue d'une
troupe d'éléphants portant sur leurs dos de petites tours en
bois remplies d'archers, fut mise en déroute et précipitée dans
le fleuve. Les régions qui forment aujourd'hui la Provence,
le Dauphiné, la basse Savoie et le Languedoc devinrent ainsi,
du même coup, provinces romaines, et les vainqueurs fon-
dèrent sur-le-champ deux colonies à Aix et à Narbonne, alors
sise sur le bord de la mer, pour dominer le pays. La double
victoire de Marius sur les Teutons, descendus jusqu'auprès
d'Aix, dans la vallée et sur les collines de l'Arc, puis sur leurs
alliés les Cimbres, dans la plaine de Verceil (an 101 av. J.-C.),
acheva de consolider l'établissement des Romains.

Les Arvernes résolurent alors de prendre une éclatante
revanche contre les Éduens, auxquels leur trahison venait
d'assurer le premier rang dans la Gaule centrale. Ils se liguè-
rent avec les Séquanais, habitants des vallées du Doubs, de
la Haute-Saône et du mont Jura, puis appelèrent les Germains
à leur aide. Les Éduens furent écrasés et assujettis aux
Séquanais (an 62 av. J.-C.) ; mais ce triomphe équivalut à
une nouvelle défaite, car les Germains s'installèrent en maîtres
dans la Séquanie, s'apprêtant à envahir les autres terres
gauloises.

Un seul peuple de la primitive souche pouvait encore sauver
la Gaule : c'étaient les Helvètes, qui avaient conservé toute
l'énergie et la rudesse des mœurs anciennes. Leur principal
chef, Orgétorix, résolut cette tentative, et son remarquable
plan faillit réussir. Voyant son propre pays trop resserré entre
les Germains et les Romains, il engagea ses compatriotes à
abandonner en masse les vallées des Alpes pour aller s'établir
aux bords de l'Océan, le long des rives de la Charente ; de là,
ils eussent dominé la Gaule centrale et l'Armorique, et alors
Orgétorix eût réuni l'ensemble de la nation contre les Romains

et les Germains, ses deux implacables ennemis. Mais Orgétorix projetait secrètement de se faire roi de toute la Gaule et de créer rois sous ses ordres, dans chaque nation distincte, les chefs qui eussent accédé à son dessein. Une indiscrétion fit avorter cette grandiose combinaison. Les magistrats de la République helvétienne mirent leur chef en jugement, et lui, voyant que la plus grande partie du peuple se déclarait contre ses projets, il se donna la mort (an 59 av. J.-C.). Toutefois, si les Helvètes ne voulaient pas un roi, ils acceptaient le reste du plan d'Orgétorix. En conséquence, ils s'apprêtèrent au départ au nombre de 368,000 individus, dont 92,000 combattants (1).

Les Romains, prévoyant qu'une pareille invasion pourrait entraîner la perte de leur récente conquête, s'empressèrent immédiatement de barrer le passage aux Helvètes. C'est à ce moment que Jules César apparut en Gaule (an 58 av. J.-C.).

Nous n'avons pas à donner ici le résumé détaillé de cette immortelle campagne, qui consacra le génie d'un homme, mais qui tua l'indépendance d'une nation, — même de deux. Cet examen dépasserait les limites que nous nous sommes tracées. Nous ne voulons reproduire dans cette Étude que les traits extérieurs, pour ainsi dire, de nos ancêtres ; il nous est donc interdit d'aller plus loin. En conséquence, nous nous bornerons simplement à esquisser les faits nécessaires à la corrélation des différentes phases de notre récit.

En cinq ans, César força tour à tour de capituler : les Helvètes, non loin de Bibracte, dans les environs d'Autun ; les Germains d'Arioviste, oppresseurs des Éduens et des Séquanais ; puis les Belges, les Nerviens de la Meuse et de l'Escaut, les Armoricains et, finalement, les Aquitains. Toute la Gaule était soumise (an 53 av. J.-C.). Cette besogne terminée, César retourna en Italie pour préparer l'asservissement de Rome, lequel, dans ses projets, devait suivre et compléter l'assujettissement de la Gaule.

(1) H. MARTIN, *loc. cit.*

Un événement imprévu faillit changer la face des choses.

Il y avait alors, dans les montagnes de l'Auvergne, un jeune homme dont le père, appelé Celtil, avait été autrefois condamné à mourir par le feu pour avoir tenté de se faire roi ; ce jeune homme se nommait Vercingétorix. César, qui cherchait partout à remplacer les républiques de la Gaule par des rois qui fussent ses serviteurs, avait attiré près de lui le fils de Celtil, lui avait donné le titre d' « ami » et lui avait fait entrevoir la couronne d'Auvergne. Mais Vercingétorix était revenu dans ses montagnes, décidé à ne pas livrer sa patrie pour venger son père. Au lieu d'accepter d'être le lieutenant de César dans la Gaule asservie, il résolut d'arracher la Gaule à César ou de mourir. Il commença donc par ranimer le cœur de ses compatriotes, les Arvernes ; puis, il parvint à conjurer secrètement la Gaule presque en entier.

On attendit, toutefois, que le proconsul eût regagné l'Italie. Alors les députés des diverses nations gauloises se réunirent au fond de la forêt des Carnutes, cet asile mystérieux qu'on appelait « le Milieu sacré de la Gaule » ; et là les druides reçurent le serment de tous, juré sur les étendards plantés en faisceau dans un cercle de pierre consacré. Le signal de l'insurrection partit de cette forêt. L'Auvergne le répéta. Vingt nations du centre et de l'ouest se levèrent aussitôt, proclamant Vercingétorix chef suprême de la guerre. Le jeune chef marcha aussitôt au nord, pour soulever les Belges et attaquer les quartiers d'hiver des Romains, tandis que son principal lieutenant courait au midi soulever les Gaulois méridionaux et attaquer la Province Romaine. Mais César était revenu, plus prompt que la foudre. Après avoir mis la Province Romaine en défense, il franchit les montagnes en plein hiver et descendit en Auvergne à travers six pieds de neige. Vercingétorix dut revenir au secours de sa nation. César l'évita, rejoignit sa grande armée cantonnée dans le Nord, puis la ramena contre son adversaire. A partir de cet instant, une véritable Iliade va s'accomplir, un combat de géants dont le vaincu sera le héros.

Vercingétorix comprit qu'il ne vaincrait pas les Romains

en bataille rangée, parce que leur science militaire était trop
grande; mais il entreprit de les vaincre par la famine. Il
fit donc résoudre par le Conseil des confédérés qu'on brûlerait
toutes les villes et tous les villages autour de l'ennemi, afin
qu'il n'y trouvât plus de quoi subsister. Plus de vingt villes du
Berry furent brûlées de la sorte en un seul jour. Par malheur,
quand il s'agit d'incendier Bourges, les habitants du pays
supplièrent qu'on épargnât leur capitale, la plus belle de la
Gaule, affirmaient-ils, et qu'ils promettaient bien de défendre
énergiquement. Ils la défendirent, en effet, avec le plus grand
courage; mais ils ne purent empêcher les Romains d'y pénétrer par escalade. Les vainqueurs massacrèrent tout dans la
place, 40,000 personnes, et, ce qui fut pire, les ressources
qu'ils y trouvèrent rendirent inutile le sacrifice de tant d'autres cités.

Les insurgés ne désespérèrent point : ils obéissaient à Vercingétorix comme jamais ils n'avaient obéi à personne, s'in-
géniant même à imiter, par son ordre, la manière de combattre,
les travaux stratégiques et les machines de guerre des Romains. Ils eurent lieu de s'applaudir de leur zèle. César mit
peu après le siège devant Gergovie (Clermont), la capitale de
l'Auvergne, qu'il tenta également de forcer d'assaut. Mais Vercingétorix fondit sur ses derrières, pendant l'escalade, écrasa
ses troupes et les rejeta jusque dans leur camp. César fut obligé
de lever le siège. C'était la première bataille que César eût
perdue, et Vercingétorix en retira une éclatante gloire (1).

César se retira alors vers les Éduens, ses alliés, pour de là
rejoindre son lieutenant Labiénus, qu'il avait envoyé au nord
de la Loire avec un corps d'armée. Mais les Éduens l'abandonnèrent, se déclarant subitement pour la Confédération gauloise.
Ainsi enveloppé de deux côtés à la fois, César n'eut d'autre
ressource que de s'échapper en traversant à gué la Loire,
quoiqu'elle fût grossie par la fonte des neiges. César rejoignit
ainsi Labiénus, qui venait de battre auprès de Lutèce les Sé-

(1) H. MARTIN, *loc. cit.*

nons, les Parisiens et les autres tribus de la Seine. Mais la Belgique s’était soulevée à son tour. Toute la Gaule se trouvait en armes, et une nouvelle assemblée générale, tenue à Autun, confirma le commandement suprême à Vercingétorix.

Le jeune chef, reprenant son premier plan de guerre, envoya de forts détachements attaquer la Province Romaine, tandis que lui-même, avec le gros de son armée, marchait contre César. Celui-ci, voyant que la route d’Italie allait lui être coupée, battit en retraite vers le sud ; mais Vercingétorix le poursuivit. Toutefois, le général des confédérés n’entendait pas livrer une bataille rangée ; mais il comptait défaire tout d’abord la cavalerie romaine, peu nombreuse, avec sa belle cavalerie gauloise, puis harceler et affamer la redoutable infanterie de son ennemi. Il lança donc 15,000 cavaliers sur les Romains. La cavalerie romaine fut rompue, et César, un instant enveloppé, faillit être fait prisonnier ; son épée resta entre les mains des Gaulois. Mais ses légionnaires soutinrent les cavaliers, et un corps de cavalerie germaine, que César à son tour avait appelée en Gaule, rompit, elle aussi, la cavalerie gauloise. Voyant son armée ébranlée, Vercingétorix se retira vers la ville forte d’Alésia, assise sur une montagne, à quelques lieues du champ du combat. César le suivit, et entreprit d’assiéger à la fois la ville et l’armée gauloise. La lutte, cette fois, changeait de face.

Ce qu’était précisément cette cité fameuse d’Alésia, jadis centre sacré de la Gaule avant la forêt des Carnutes, on l’ignore aujourd’hui, en dépit des innombrables dissertations que cet intéressant problème historique a soulevées. Les uns prétendent que c’est Alise, en Bourgogne, sur la route de Paris à Lyon ; d’autres, Alaise, en Franche-Comté, entre Besançon et Salins ; d’autres, plus audacieux, la placent à Novalaise, jusqu’en Savoie. La première opinion est, généralement, admise, et c’est là que la statue de l’illustre *brenn* se dresse, semblant encore menacer l’envahisseur. Dans tous les cas, la position d’Alésia était telle qu’on ne pouvait l’enlever d’assaut : par contre, il y était presque impossible aux assiégés, une fois le blocus formé, de chasser les assiégeants de leurs positions et de communiquer avec le dehors.

Du haut de sa montagne Vercingétorix lança de nouveau sa cavalerie. Cette fois encore, la cavalerie gauloise battit la cavalerie romaine, puis fut battue par les Germains. Alors, avant que les passages fussent fermés, le jeune chef fit partir tout ce qui lui restait de cavaliers, les chargeant d'aller appeler aux armes la Gaule entière, ajoutant qu'il les attendrait pendant trente jours. Mais il ne put empêcher l'achèvement des travaux du siège. César entoura la ville et la montagne d'un ensemble d'ouvrages de onze mille pas de tour. Il y avait trois fossés et, derrière le troisième fossé, un rempart crénelé et hérissé de pièces de bois fourchues, avec une tour de 80 pieds en 80 pieds ; puis, en avant du rempart, une multitude de petites fosses remplies de pieux aigus, d'étoiles aux pointes de fer et de toutes sortes de pièges. En outre, plusieurs camps fortifiés et vingt-trois redoutes étaient installés sur les hauteurs. Et cet ensemble d'ouvrages, faits contre la ville, fut répété une seconde fois contre le dehors ; et ce second cercle avait quatorze mille pas de tour (1).

Les trente jours fixés par Vercingétorix étaient écoulés, et le secours ne paraissait pas. Avec 60,000 soldats seulement, — les premiers soldats du monde, il est vrai, — César était parvenu à enfermer une armée de 80,000 hommes. La famine était dans la ville et dans les troupes gauloises. Vercingétorix convoqua son conseil de guerre, qui décida l'expulsion de tous les habitants hors d'état de porter les armes, afin de réserver le peu qui restait de vivres pour les combattants. Mais César refusa de laisser passer ces malheureux, lesquels demeurèrent, mourants de faim, entre les deux armées.

Le secours parut enfin, composé de 240,000 fantassins, mais seulement de 8,000 cavaliers. C'était tout ce qui restait de cavalerie à la Gaule, après tant de pertes répétées. Les contingents de toutes les nations gauloises étaient là, sauf des

_____

(1) H. MARTIN, *loc. cit.*

Rémois et de leurs plus proches voisins de l'est, obstinés dans l'alliance romaine, et sauf des Trévires, occupés à se défendre contre les Germains. Il y eut trois jours de batailles immenses, où les assiégeants étaient devenus les assiégés, et où Vercingétorix, d'un côté, et, de l'autre, l'armée de secours donnèrent assaut sur assaut à la double enceinte de César. Dans une attaque de nuit, les fossés de la double enceinte furent comblés et franchis ; mais, quand l'armée de secours s'approcha du rempart extérieur des Romains, les plus braves, en grand nombre, tombèrent dans les petits fossés et s'enferrèrent dans les pièges dressés par l'ennemi. L'armée de secours étant ainsi repoussée, Vercingétorix fut réduit à rentrer en ville. Toutefois, ce ne fut pas pour longtemps. Étant revenus à la charge dans la troisième journée, les Gaulois, par leur nombre et leur courage désespéré, semblèrent pendant quelques heures l'emporter sur la science militaire et sur les prodigieux ouvrages des assiégeants. Vercingétorix franchit de nouveau le triple fossé et entama, cette fois, le rempart intérieur : l'armée de secours força un des deux camps romains. Mais César parvint encore à repousser son adversaire, puis à marcher contre l'armée de secours et à la faire tourner par sa cavalerie. Les Gaulois, pris par derrière, se rompirent. Cette multitude affolée se débanda, et toute cette grande armée disparut comme un rêve. Vercingétorix se renferma dans Alésia. Tout était désormais perdu pour lui.

N'ayant pu sauver l'indépendance de sa patrie, le jeune chef voulut sauver au moins ce qui restait de ses compagnons d'armes. Étant le seul homme qui eût arrêté la fortune de César, il jugea que le sacrifice de sa personne pourrait peut-être racheter ses amis, et il fit demander au vainqueur ses volontés. César prescrivit que les Gaulois livrassent leurs chefs.

Le lendemain, comme César siégeait à son tribunal, au milieu de son armée, un cavalier de grande taille et de haute mine, couvert d'une magnifique armure, arriva tout à coup près de lui au galop. C'était Vercingétorix. Il fit tourner son

VERCINGÉTORIX

cheval en cercle autour du tribunal romain, sauta à terre, jeta
ses armes aux pieds du vainqueur et se tut. La scène était assurément imposante, mais le dénouement en était prévu. On a
reproché à César de s'être montré moins grand que le vaincu.
On oublie que la raison d'État, qui prime tout en politique,
repousse le sentimentalisme, quel qu'il soit, et que Vercingétorix, tant qu'il vivrait, devait être une menace persistante
pour la conquête romaine; nous jugeons ce cruel épisode en
Gaulois, tandis qu'il importe de le juger exclusivement au
point de vue romain. Quoi qu'il en soit, César accorda la vie
et la liberté à 20,000 guerriers Arvernes et Éduens pour prix
de ce sacrifice héroïque; mais il garda Vercingétorix prisonnier (1).

Même il l'expédia à Rome (an 52 av. J.-C.), chargé de fers,
assure-t-on. Dans tous les cas, il le laissa pendant six ans dans
la prison Mamertine, lieu de détention réservé aux rois et aux
généraux vaincus, et il ne l'en tira que pour le traîner derrière
son char, au jour de cette pompe fameuse où il triompha de
Rome elle-même tout autant que de la Gaule. La fête terminée,
Vercingétorix dut livrer sa tête au bourreau. Pouvait-on, au
surplus, espérer autre chose de César ? Que signifie la vie d'un
homme pour celui qui ne respecte pas la liberté de sa propre
patrie ?

« Ainsi, conclut Henri Martin (2), finit le héros de nos siècles
anciens; ainsi tomba cette première France qu'on appelait la
Gaule. Elle tomba pour n'avoir pas su se donner, en se civilisant,
les fortes disciplines de la politique et de la guerre; pour
n'avoir pas su garder, en s'enrichissant, le respect des droits
du grand nombre et des pauvres; enfin, pour n'avoir pas su
constituer à temps l'accord et l'unité de la nation gauloise. Si
la Gaule se fût réunie contre l'étranger avant que les Helvétiens,
les Nerviens, les Vénètes et les Eburons eussent été détruits
les uns après les autres, avant que la belle Chevalerie gauloise

<hr>

(1) H. MARTIN, *loc. cit.*
(2) H. MARTIN, *loc. cit.*, t. I, c. IV, p. 31.

eût péri presque tout entière dans les guerres étrangères et civiles, César, avec tout son génie et toute sa science, n'eût sans doute pas vaincu la Gaule. »

Cette conclusion nous paraît inexacte. La Gaule succomba, il est vrai, comme succombent toutes les nations qu'une civilisation excessive et un bien-être non refréné jettent dans la décadence : mais, si Jules César a précipité le dénouement fatal, ce dénouement était inévitable. Du moment où les Gaulois cessèrent d'être un peuple fort et uni, eux-mêmes avaient marqué l'heure prochaine de leur asservissement.

On aimera, toutefois, à connaître ce que devint par la suite ce vaillant petit peuple des Arvernes qui, seuls, faillirent, par leur énergie suprême, retarder cette échéance prévue. C'est à notre grand historien Michelet que nous allons emprunter la fin leur histoire.

« Par le haut Limousin, dont les montagnes se lient à celles de l'Auvergne et celles-ci aux Cévennes, nous entrons sans transition, raconte-t-il (1), dans le pays des anciens Galls, autrefois resserrés dans leurs montagnes volcaniques par l'invasion kymrique. Mais les Arvernes redevinrent prépondérants par leur barbarie même et leur attachement à la vie de clan. L'histoire antique de l'Auvergne est celle de la lutte homérique de César contre le Vercingétorix gaulois (2). On sait les efforts héroïques du jeune Arverne, ardent, intrépide, pour arrêter César, et sa glorieuse défaite à Alésia.

« La richesse des Arvernes, la fertilité de leur plaine, étaient pour les Barbares un puissant attrait. « Quand verrai-je la belle « Limagne? » s'écriait le fils de Clovis, Childebert.

« Au v⁰ siècle, l'Auvergne se trouva placée entre les invasions du Midi et du Nord, entre les Goths, les Burgundes et

----

(1) MICHELET, *Notre France*, p. 79-82.

(2) Nous n'avons donné au héros arverne le nom de Vercingétorix que pour nous conformer à la tradition depuis si longtemps acceptée. Mais cette désignation n'était qu'un titre des généralissimes gaulois de cette époque, signifiant « le chef des cent bandes » en langue celtique.

les Franks. Son histoire présente, alors, un vif intérêt; c'est celle de la dernière province romaine. Les Barbares, alliés de Rome cependant, ne l'épargnaient pas. Les Huns, auxiliaires de Litorius, en s'en allant au Midi combattre les Wisigoths, la traversèrent et la mirent à feu et à sang. Mais bientôt la blessure se referma, et les Arvernes furent assez forts pour imposer à Rome un empereur auvergnat. Avitus était la créature des Goths autant que des Arvernes. L'Auvergne crut donc retrouver la paix et redevenir indépendante : mais le règne d'Avitus fut éphémère. A la mort de Majorien, son successeur, elle vit de nouveau arriver et monter rapidement le flot de la conquête barbare.

« Livrée à elle-même, abandonnée de Rome, la tribu arverne se défendit héroïquement sous le patronage de ses anciens chefs, les familles des Apollinaires, des Avitus, des Ferréols. Quittant leurs châteaux, elles s'enfermèrent dans leur petite, mais imprenable cité. Bientôt, en effet, l'antique Gergovie surnagea seule isolée sur la haute montagne. Elle devait, cependant, échapper à ses légitimes possesseurs. Le roi des Goths (Euric) ne fit sa paix avec l'empereur Nepos qu'en lui prenant l'Auvergne. Il fallut bien accepter ces nouveaux maîtres. Mais les Goths eux-mêmes n'étaient-ils pas Romains ? Leurs rois choisissaient leurs ministres parmi les vaincus. Arvernes et Goths, au lieu de se combattre, unirent leurs forces contre l'ennemi commun, contre les Franks désirés, appelés par le Clergé des Gaules. Tous les autres Barbares, à cette époque, étaient ariens. Clovis, déjà converti, les conduisait, les encourageait, leur montrant d'avance un riche butin au bout de la victoire.

« Vainqueur à Vouglé, il envoya son troisième fils Thierry pour organiser par des ravages la domination franque. Là, comme ailleurs, le clergé était généralement pour les Franks. Saint Quintien, évêque de Clermont, semble leur avoir livré le château. A la mort de Clovis, Theuderic, roi d'Austrasie, y établit ses guerriers en conquérants. « Je vous conduirai, avait-« il dit à ses soldats, dans un pays où vous trouverez de l'ar-« gent autant que vous pouvez désirer, où vous prendrez en

« abondance des troupeaux, des esclaves et des vêtements. »

« Trahie, accablée, l'Auvergne — par ses grandes familles de Clermont — ne garda pas moins son influence sur les vainqueurs. Le fils de Sidonius, qui avait commandé les Arvernes à Vouglé, devint évêque de Clermont. Son petit-fils fut assez puissant pour appeler au pouvoir Childebert, préférant, sans doute, sa domination à celle du barbare roi de Metz. Au ix° siècle, les Arvernes semblent avoir partagé la grande influence que les Aquitains exerçaient sur les Carlovingiens. Même costume, nous dit Raoul Glaber, mêmes mœurs, mêmes idées ».

Et Michelet ajoute plus loin (1) : « L'Auvergne, mixte de droit et de langue, est une France en petit. »

Nous devions bien cette courte digression complémentaire à la glorieuse tribu qui fut le dernier boulevard de l'indépendance gauloise.

(1) MICHELET, *loc. cit.*, p. 85.

III

L'ORGANISATION ROMAINE EN GAULE. — MAGNIFICENCE EXTÉRIEURE
ET MISÈRE POPULAIRE. — APPARITION DU CHRISTIANISME. —
L'HÉROISME GAULOIS SE DÉPLACE : L'EXALTATION RELIGIEUSE, DER-
NIÈRE FORME DE LA RÉSISTANCE LOCALE CONTRE LA DOMINATION
LATINE.

En imposant la domination de Rome aux peuples gaulois,
César, du moins, n'avait rien changé à leur régime intérieur
ni à leurs rapports entre eux. L'empereur Auguste, au contraire,
opéra chez eux de profondes modifications, afin d'effacer les
souvenirs du temps passé. Son arrivée à Narbonne (an 27 avant
J.-C.) fut, à ce point de vue, la consécration définitive de la
dépendance de la Gaule.

L'empereur commença par rompre les diverses associations
entre les différents peuples gaulois, soit qu'elles existassent
sur le pied de l'égalité, soit qu'elles fussent tenues sur celui
de la subordination. Il ôta ensuite le rang de capitales aux
villes qui s'étaient montrées les plus attachées à la patrie gauloise, pour le transférer à des villes nouvelles ou obscures.
Puis il partagea toute la Gaule en quatre grandes provinces
(Narbonnaise, Aquitaine, Lyonnaise, Belgique), sans tenir
compte des rapports d'origine, de coutumes et de mœurs, de
façon à ce que les Gaulois ne reconnussent plus, en quelque
sorte, leur ancien pays; plus tard, ces quatre provinces furent
subdivisées, et l'on en compta jusqu'à dix-sept. Enfin, le
nombre des peuples gaulois, qui était environ de quatre cents,
en comptant les petites tribus des montagnes, fut réduit admi-

nistrativement à soixante, et les petites peuplades devinrent de simples cantons dépendant des soixante grandes divisions ; ces soixante divisions furent alors qualifiées de *cités*, parce que, sous l'empire romain, les campagnes et les petites villes dépendirent, chez chaque peuple, de la principale ville ou cité, laquelle dépendait, à son tour, de la province et du gouverneur militaire de cette province.

L'an 10 avant Jésus-Christ, un événement, insignifiant en apparence, se produisit, qui entraîna pour le pays conquis des conséquences aussi graves que nouvelles. A cette date, les représentants officiels des soixante cités votèrent la construction d'un grand temple dédié à Rome et à Auguste. Ce temple fut élevé au confluent du Rhône et de la Saône, près de Lyon, à l'endroit qui est aujourd'hui la pointe de Perrache. La statue colossale de la Gaule et les statues des soixante cités furent placées devant l'autel, comme pour rendre hommage à la déesse Rome et à l'Empereur-Dieu. Ce fut ainsi que l'Idolâtrie entra dans la Gaule, laquelle n'avait adoré jusque-là que les Puissances invisibles (1).

La grande diversité existant dorénavant dans la Gaule romaine entre les conditions des différents peuples servit beaucoup le pouvoir impérial. Il y avait des *colonies romaines*, tenant le premier rang, et dont les habitants exerçaient les droits de citoyens romains (Lyon, Narbonne, Béziers, Fréjus, Orange, Arles, etc.); puis des *colonies latines* ou *italiques*, possédant les mêmes droits que les Italiens non romains (Aix, Valence, Toulouse, Nîmes, Vienne, Auch, etc.); les *cités alliées* de Rome, n'étant soumises qu'au service militaire (Marseille, Grenoble, Reims, Autun, Chartres, Langres, etc.); les *cités* appelées *libres*, qui payaient de plus un tribut (Clermont, Bourges, Bordeaux, Soissons, Trèves, Liège, etc.); enfin les *cités sujettes*, qui ne s'administraient pas elles-mêmes et dépendaient directement des officiers impériaux. Tous ces groupes distincts se surveillaient, se jalousaient, et leurs jalousies profitaient au maître.

(1) H. MARTIN, *loc. cit.*

Les magnifiques travaux publics des Romains, en changeant la face de la Gaule, firent plus encore pour l'affermissement de leur puissance. Aux routes étroites et creuses, aux grossiers ponts de bois dont s'étaient contentés les vaincus, ils substituèrent leurs splendides *voies* pavées en briques, leurs solides ponts de pierre et ces merveilleux aqueducs demeurés encore pour la plupart, à l'heure actuelle, les premiers parmi nos plus utiles monuments. Qui donc n'a pas admiré le pont du Gard, aux environs de Nîmes? De même ils apprirent aux Gaulois à rebâtir leurs villes de bois et de pisé en briques, en pierres et en marbres. Ils les remplirent, alors, de monuments sans nombre : temples consacrés à leurs Dieux, qu'ils mélangeaient adroitement aux anciennes Divinités de la Gaule; basiliques où se tenaient les assemblées et où l'on rendait la justice; amphithéâtres, cirques et théâtres pour les jeux publics; bains publics, arcs de triomphe. Arles, Nîmes, Orange, Saint-Rémi, Carpentras, pour ne citer que quelques noms, sont encore remplies de leurs étonnants vestiges. Puis, pour achever cette initiation à un bien-être jusqu'alors inconnu, ils eurent soin de jeter de belles et luxueuses maisons de campagne partout où la nature se parait de quelque agrément, partout aussi où jaillissaient des sources chaudes ou des eaux réputées pour guérir les maladies. Les Gaulois pouvaient, désormais, lutter de raffinement avec leurs vainqueurs.

L'usage de la langue latine suivit de près, en Gaule, l'introduction des arts. Les grandes familles d'abord, puis peu à peu le peuple des villes adoptèrent la langue et les coutumes romaines; seules, les populations des campagnes demeurèrent obstinément fidèles au vieux langage celtique. La connaissance de la langue grecque compléta forcément, au moins pour les classes dirigeantes, l'ensemble de cette assimilation.

Était-ce bien là un progrès? Était-ce, au moins, un bienfait?

Si la domination des Romains, les lois, l'éducation et les habitudes qu'ils introduisirent en Gaule eurent tellement d'influence sur l'esprit des Gaulois et sur leur façon de penser et d'agir que nous en gardons, encore aujourd'hui, la trace; s'ils enseignèrent à nos aïeux l'ordre, la discipline, le sens pratique et la juste mesure des choses, la science et le goût de l'administration ; par contre, ils comprimèrent pour longtemps l'esprit de liberté et d'indépendance, et ils apportèrent avec eux cette fatale disposition à régler la société plutôt comme une machine que comme un corps vivant, à vouloir tout réglementer à l'avance, dont nous n'avons jamais pu depuis lors nous débarrasser. Aussi est-ce d'eux que vient, chez nous, cette détestable propension des individus à tout attendre d'en haut, c'est-à-dire du pouvoir, à demander que le pouvoir fasse pour eux ce qu'ils devraient faire eux-mêmes, et aussi la facilité trop grande à sacrifier le droit individuel, le droit de chacun.

L'influence romaine n'a donc point arrêté la décadence gauloise; elle l'a achevée. Ce qui restait de rectitude et d'indépendance dans l'esprit de la nation vaincue, elle l'a atrophié d'abord, annihilé ensuite. De telle sorte que la Gaule s'est peu à peu absorbée dans Rome au point que, moins de deux siècles après la conquête, il n'y avait plus de Gaulois, mais seulement des Gallo-Romains.

Rome nous apporta encore cette autre plaie : l'esclavage. Avant les Romains, il n'y avait que bien peu d'esclaves chez les Gaulois : des colons cultivaient la terre pour les patrons, pour les nobles, pour les riches; ils étaient subordonnés et assujettis, mais ils n'étaient point esclaves. Sous les Romains, ils le devinrent. Et ce ne fut pas tout. Avant les Romains, dans les tribus gauloises, tous les hommes libres se regardaient comme parents, et, dans les associations guerrières, le chef traitait ses compagnons en frères d'adoption; ce qui tempérait quelque peu le pouvoir excessif des nobles et des riches. Sous les Romains, les tribus et les associations guerrières ayant été dissoutes, rien n'arrêta plus le progrès de l'inégalité.

Le changement radical que les Romains opérèrent ainsi en Gaule ne s'effectua pas, toutefois, sans résistance. Il y eut de nombreuses révoltes. Les druides, notamment, persécutés et proscrits parce qu'ils repoussaient les dieux étrangers et les mœurs étrangères, soulevèrent plus d'une fois les populations dans le but de rétablir l'ancienne religion et l'antique indépendance. Mais toutes leurs tentatives échouèrent successivement.

Avec cela une misère atroce. Les besoins du gouvernement impérial augmentaient sans cesse; il lui fallait de grands impôts; et il n'y avait pas alors, comme aujourd'hui chez nous, des millions de fabricants et d'ouvriers, de moyens et de petits propriétaires agriculteurs qui, par leur travail libre, renouvelassent et augmentassent sans cesse les ressources publiques. L'impôt, d'une part, et, de l'autre, les grands propriétaires envahissaient tout. « Partout, s'écriait un orateur de ce temps, — qui pourtant était fils d'empereur, — partout on chasse le peuple; il n'y a plus d'héritage ; ce qui suffisait à la nourriture d'une cité est le parc à bétail d'un seul maître. » Les agents du fisc mettaient les contribuables en prison et à la torture pour leur arracher leur dernière obole, ne craignant même pas de vendre les enfants de ceux qui ne pouvaient payer l'impôt. Ainsi, grandeur au dehors et misère au dedans; un colosse aux pieds d'argile! Les Barbares commençaient à l'ébranler. Les paysans gaulois s'insurgèrent de nouveau; ce furent les *Bagaudes*. Ils se jetèrent sur les maisons de campagne des riches, puis sur les villes, dont beaucoup se déclarèrent pour eux. Après une série de combats plus ou moins indécis, l'empereur Maximien finit par les cerner dans la presqu'île de la Marne et par les écraser près de Saint-Maur-des-Fossés (286). Ce qui en resta se dispersa dans les forêts et dans les montagnes; et il en resta assez pour qu'il y eût toujours des bandes errantes en Gaule jusqu'à la fin de l'empire romain (1).

L'empereur Dioclétien envenima le mal, au lieu de songer à le corriger. Séparant pour la première fois le pouvoir civil

----

(1) II. MARTIN, *loc. cit.*

du pouvoir militaire dans la colonie, il ne fit qu'y créer une grande armée d'employés civils à côté de l'armée d'occupation. Le peuple ruiné eut ainsi à nourrir ces deux armées au lieu l'une seule.

Entre la Civilisation décadente et la Barbarie menaçante, une révolution s'imposait. Le Christianisme la tenta.

On ignore la date précise de son apparition dans les Gaules ; ce qu'on sait seulement, c'est que son expansion y fut d'abord très lente. La première « église » un peu nombreuse paraît avoir été celle de Lyon, fondée vers l'an 160 de notre ère par l'évêque Pothin, disciple de Polycarpe, lequel avait été lui-même disciple de Jean l'Évangéliste. La persécution s'abattit bientôt sur les adeptes de la foi nouvelle. Le Christianisme, à son origine, était la religion par excellence des esclaves, des pauvres et des femmes, en un mot de tous les faibles et de tous les déshérités ; ses prêtres prêchaient avant tout l'amour de l'humanité, mais aussi le Communisme. Cette dernière doctrine, beaucoup plus que sa concurrence au Paganisme officiel, souleva l'irritation des classes dirigeantes, qui se sentaient menacées dans leurs intérêts les plus chers. En l'an 177, une première persécution éclata. L'évêque Pothin fut envoyé au supplice avec quarante-sept de ses chrétiens (1). Là, entre autres, mourut héroïquement la jeune esclave Blandine, qui, plutôt que de renier sa foi, se laissa déchirer vivante par les bêtes féroces dans l'amphithéâtre de la cité. La persécution s'étendit aux autres églises de la Gaule orientale, notamment à Autun, où Symphorien, fils d'un des administrateurs municipaux, fut condamné à être lapidé pour avoir refusé de se prosterner devant une statue de Cybèle. Pendant son supplice, sa mère lui criait : « Mon fils, souviens-toi du Dieu vivant ; élève ton cœur en haut, et regarde Celui qui règne dans le ciel ! On ne t'ôte pas aujourd'hui la vie, on te la change en une meilleure ! » Assurément, cette exaltation religieuse est la dernière forme de la résistance gauloise contre la domination

(1) Grégoire de Tours, *Hist. des Franks*, t. I, 27 ; Id., *Gloire des Martyrs*, XLIX et LII.

romaine ; les vaincus, ne pouvant arracher leurs corps aux conquérants, veulent leur arracher au moins leurs âmes. Le martyre, prévu et provoqué, devient une protestation suprême.

Comme le sang des réformateurs n'a jamais tué une réforme, le Christianisme survécut à ce premier choc. Irénée prit la direction de l'église de Lyon, en même temps que sept autres missionnaires de la « bonne nouvelle » accouraient en Gaule en fonder de plus vigoureuses : Gatien à Tours, Trophime à Arles, Paul à Narbonne, Saturnin à Toulouse, Denis à Paris, Austremoine à Clermont, Martial à Limoges. Deux d'entre eux périrent encore victimes de leur zèle : Denis fut décapité sur les hauteurs de Montmartre ; quant à Saturnin, ayant été attaché derrière un taureau furieux, il fut précipité dans cet état du sommet du Capitole.

La révolte des Bagaudes fut une favorable occasion pour l'empereur Maximien d'englober dans la répression les chrétiens, malgré leur esprit de paix ; il n'y manqua point, et le sang des martyrs coula, une fois de plus, en abondance. Un incident imprévu rendit cette persécution célèbre entre toutes : ce fut le massacre de toute la légion thébaine, ainsi nommée parce qu'elle était en entier composée de chrétiens d'Égypte. Cette légion ayant refusé de marcher contre les insurgés bagaudes, au nombre desquels on affectait officiellement de comprendre ses coreligionnaires, l'empereur la fit passer au fil de l'épée par le reste de l'armée, près d'Agaune, dans le Valais. Cette localité fut depuis appelée Saint-Maurice, du nom du chef de la légion. On peut juger, par cet épisode sans précédents dans l'histoire militaire de Rome, à quel degré excessif était parvenue l'exaspération des Chrétiens de toute origine contre la suprématie romaine.

A partir de Constantin, le Christianisme vit en paix dans la Gaule. Il est devenu la religion de l'État ; il se transforme alors, et l'Église Catholique apparaît. Comme cette Église veut devenir universelle, son organisation prend modèle sur l'organisation civile et politique de l'Empire. Chacune des cités de la Gaule, élevées successivement au nombre de cent quinze, posséda son évêque élu par les fidèles, ecclésiastiques et laïques réunis. Les évêques des cités métropolitaines, ou chefs-lieux de provinces, obtinrent la préséance sur les autres, et à leur tour ils reconnurent celle de l'évêque de Rome, en sa qualité de successeur de l'apôtre Pierre, mais non pas sa domination, même spirituelle, car l'empereur, se qualifiant d' « évêque du dehors », s'attribua la présidence effective des conciles, ou assemblées générales des évêques et des docteurs, attribution assurant la suprématie de l'État aussi bien en matière religieuse qu'en matière civile et politique. Mais l'esprit sacerdotal est fertile en ressources, même en surprises, ce dont on ne tarda pas à s'apercevoir bientôt. Dans tous les cas, le Christianisme, fondé à son origine par l'esprit de paix, de persuasion, d'humanité, de fraternité, de liberté, se vit tout d'un coup mis en possession d'une souveraineté véritable par les armes de l'empereur, par l'autorité politique ; et cette modification de son exercice modifia également beaucoup son caractère.

Le Christianisme primitif, tout de rudesse et de foi, d'enthousiasme et d'élan, eût pu, peut-être, par la plénitude de sa popularité, mener à bien la révolution attendue, c'est-à-dire séparer de l'empire abâtardi la Gaule régénérée et restituer alors à celle-ci son indépendance. La conversion de Constantin arriva trop tôt, et le Catholicisme surgit trop vite. L'un n'équivalait pas à l'autre ; les patriotes gaulois, s'il en restait, purent s'en apercevoir.

Ceci dit, nous allons examiner quelle était la situation générale à la fin du ivᵉ siècle de notre ère, date à laquelle l'empire romain touchait à sa ruine. Nous empruntons ce bref tableau à M. Henri Martin. On remarquera que quelques-unes des conclusions de cet historien diffèrent assez sensiblement de celles que nous venons d'émettre ; mais ces quelques divergences aboutissent, néanmoins, à une même solution.

« La religion chrétienne, écrit-il (1), avait apporté au monde

____

(1) H. Martin, loc. cit., t. I, c. vi. p. 48.

les vertus morales de l'homme intérieur, et non les vertus
politiques du citoyen : elle relevait l'humanité, et non la
patrie ; elle avait propagé des principes de piété, de pureté, de
fraternité, de perfectionnement de soi-même, que l'esprit de
domination et de persécution introduit dans l'Église put bien
altérer, mais non détruire. Ces principes préparaient une
société nouvelle et devaient empêcher le monde de rester
plongé dans la barbarie ; mais le Christianisme ne pouvait
rendre la vie politique à l'ancienne société, qui se mourait, ni
sauver l'empire romain.

« Le Christianisme avait soulagé des misères privées, mais
le mal social croissait toujours.

« Le Christianisme favorisait l'émancipation des esclaves,
mais le gouvernement impérial rendait esclaves les hommes
libres ; car il enchaînait presque tous les citoyens à leur profession et à leur résidence, afin que personne ne pût se soustraire aux impôts. Chaque corporation était solidaire, chacun
étant responsable des impôts pour ses confrères ; et les impôts
étaient si écrasants qu'on voyait des propriétaires abandonner
leurs propriétés et s'enfuir dans les bois et dans les montagnes avec les insurgés de la Bagaudie.

« La plupart des citoyens n'avaient plus aucun intérêt à la
défense de l'État ; les armées n'avaient plus ni discipline ni
esprit militaire, et l'Empire n'était quasi plus défendu que par
des corps d'auxiliaires Barbares, chèrement payés et toujours
menaçants.

« Les nations Barbares connaissaient la faiblesse de l'Empire, et leur invasion était imminente et inévitable. »

IV

L'INVASION DES BARBARES. — LE DESPOTISME LATIN A PRÉPARÉ
EN GAULE LA PRÉPONDÉRANCE DU NOUVEL ÉLÉMENT GERMAIN. —
FIN DE LA GAULE ROMAINE. — PREMIÈRES APPARITIONS DES
FRANKS. — PREMIERS ÉTABLISSEMENTS DES WISIGOTHS ET DES
BURGUNDES.

L'empire romain, dont la main d'un seul prince ne pouvait
plus embrasser l'immensité ni soutenir la faiblesse, avait été
partagé, à diverses fois, entre plusieurs princes coassociés. Il
était maintenant divisé en empire d'Occident, gardant Rome
pour capitale, et en empire d'Orient, rayonnant de l'antique
cité grecque de Byzance, à laquelle Constantin venait d'imposer son propre nom, l'appelant Constantinople.

En réalité, c'était Constantinople qui, désormais, tenait le
premier rang ; ses splendeurs nouvelles éclipsaient Rome déchue. Ce changement d'équilibre fut fatal à l'intégrité du territoire de l'empire. Les Barbares, qui ne rêvaient depuis longtemps que la conquête de l'Occident, en profitèrent pour se
ruer sur les provinces si ardemment convoitées.

Tour à tour la Gaule et l'Italie subirent l'assaut répété des
Franks, des Allemands et des Wisigoths.

Après la mort de Constantin, sa famille s'entre-déchira ; les
guerres civiles recommencèrent comme avant la christianisa-
tion de l'Empire : même l'on vit ce que l'on n'avait pas vu
encore, un empereur appelant les Barbares contre son compétiteur. Ce fut Constance, l'un des fils de Constantin, qui ouvrit

ainsi la Gaule à l'invasion des Germains, ses plus anciens et
ses pires ennemis.

Les Germains occidentaux s'étaient divisés, depuis le siècle
précédent, en deux confédérations dont les noms devaient devenir, plus tard, étrangement fameux. La première, sur le
bas Rhin, était celle des Franks ; la seconde, sur le haut Rhin
et le haut Danube, celle des Allemands. Les Franks et les
Allemands se jetèrent sur la Gaule, saccagèrent quarante-cinq
villes, s'emparèrent de toute la rive gauche du Rhin et, chas-
sant les populations ou les emmenant en esclavage, firent
comme un grand désert entre la vallée du Rhin et l'intérieur
de la Gaule.

Quand il fut devenu à son tour seul empereur pour tout
l'empire, Constance, qui avait appelé ces Barbares, n'eut plus
d'autre souci que de les chasser. Il envoya donc contre eux
son parent Julien. Celui-ci, presque sans troupes et sans ressources, réussit tout d'abord, par son énergie et son courage,
à repousser les Allemands et à leur imposer la paix en les
poursuivant jusque dans leur propre pays : il vainquit ensuite
les Franks, mais il permit à une partie d'entre eux de rester
établis, sous condition de service militaire, dans le nord de
l'ancienne Belgique, alors presque réduit en solitude (356-360) ;
ces Franks portaient le nom de Saliens.

La pacification n'était que momentanée. Au reste, le despotisme romain avait tellement écrasé de toutes façons la Gaule
que celle-ci se trouvait disposée à accepter des libérateurs
quelconques ; mieux, pour elle, valait encore l'inconnu que le
connu. C'est ainsi que la prépondérance du nouvel élément
germain sur le sol gaulois se trouva inconsciemment préparée.
Son apparition souleva bien certaines répulsions d'abord ;
mais on ne tarda pas à s'habituer à son contact, comme nous
le verrons plus loin.

Un second exode des Barbares s'apprêtait. Une moitié de la
nation teutonique des Goths, les Wisigoths ou Goths de l'Ouest,
avait précédemment été reçue dans l'empire d'Orient à titre
d'auxiliaires. Ces auxiliaires dangereux commencèrent par do-

FAMILLE GAULOISE FUYANT DEVANT LES BARBARES

miner leurs patrons, puis ils résolurent d'attaquer l'empire d'Occident ; en conséquence, ils se jetèrent sur l'Italie. Ils furent repoussés par Stilicon, illustre capitaine dévoué à la civilisation romaine, quoique lui-même Germain d'origine.

Mais alors deux autres hordes de Barbares, dont chacune était plus forte en nombre que ne l'avait été l'armée des Wisigoths, se rua à son tour et contre l'Italie et contre la Gaule : c'étaient les Germains du nord et de l'est, les Goths orientaux et d'autres peuples encore plus lointains. Cette fois encore, Stilicon défendit l'Italie contre celle des deux hordes qui l'attaquait ; en même temps, il trouvait le moyen d'acheter pour défendre la Gaule contre l'autre ces mêmes Germains occidentaux, Allemands et Franks, qui avaient coutume de ravager les frontières gauloises. Les Franks et les Allemands, ennemis des autres Barbares, promirent de leur fermer la route. Avec une très faible armée, Stilicon réussit à détruire la première horde ; mais les Franks, ses alliés, ne furent pas aussi heureux : les autres Barbares les accablèrent sous leur nombre, leur passèrent sur le corps et roulèrent sur la Gaule comme une mer débordée. La Gaule entière fut submergée. La plupart des villes furent forcées et saccagées ; on ne voyait plus dans les campagnes ni troupeaux, ni arbres, ni moissons, et une immense désolation couvrit le pays jusqu'à ce que l'invasion se fût écoulée en Espagne (407-409).

L'île de Bretagne et l'Armorique en profitèrent pour se rendre indépendantes. Ce fut le premier coup porté à l'unité de l'empire romain. Pendant ce temps, Stilicon était assassiné par l'ordre de l'empereur qu'il venait de sauver, et les Wisigoths entraient dans Rome (410), laquelle ne devait plus recouvrer désormais ni sa puissance ni sa gloire.

Pourtant, l'empire romain ne périt pas immédiatement de cette mortelle blessure. Les Wisigoths ne gardèrent pas la possession de Rome ; comme s'ils eussent peur de leur conquête, ils l'évacuèrent, passèrent peu après les Alpes et vinrent s'établir dans le midi de la Gaule. Pendant ce temps, un autre peuple de la Germanie orientale, les Burgundes, s'établissait

dans l'est, tandis que les Franks, qui, depuis bien des années
déjà, avaient installé une de leurs tribus dans le nord, vers le
Brabant, croissaient en nombre véritablement inquiétant sur
la rive gauche du bas Rhin et de la basse Meuse. Aux invasions n'ayant pour but que le pillage allaient ainsi succéder,
dorénavant, d'autres invasions tendant à des établissements
fixes.

L'Empire, ne pouvant plus s'y opposer, traita donc avec les
Wisigoths et les Burgundes. Aux premiers il reconnut, moyennant quelques vaines apparences de subordination envers ses
empereurs, la possession de la région sud-ouest de la Gaule,
depuis la basse Loire jusqu'aux Pyrénées et à la haute Garonne,
c'est-à-dire un pays comprenant des cités telles que Poitiers,
Bordeaux, Toulouse. Quant aux seconds, il les autorisa d'abord
à se cantonner sur la rive gauche du Rhin, puis à se transférer
plus au sud, dans une partie de la Suisse, de la Savoie et du
Dauphiné actuels (412-443). Les anciens habitants de ces
provinces furent obligés de céder les deux tiers de leurs terres
et le tiers de leurs esclaves aux nouveaux venus. Mais, comme
presque toutes les terres étaient dans les mains de grands
propriétaires, il n'y eut guère qu'eux à souffrir de ce changement et à regretter l'empire romain : les pauvres gens et
même les citoyens remplissant les fonctions municipales gagnèrent au change, car les impôts et les fonctionnaires
impériaux disparurent avec l'Empire. Les Barbares n'avaient
pas d'administration fiscale; leurs rois vécurent du revenu des
grands domaines impériaux, qu'ils s'attribuèrent, et les particuliers du revenu des terres qu'on leur avait cédées. Chose à
noter, il y eut progrès pour les humbles et les faibles; avec
les Barbares, en effet, on n'eut à subir que des accès capricieux
de violence et de rapacité, tandis que, auparavant, les fonctionnaires impériaux faisaient endurer aux populations une
tyrannie de tous les jours et de toutes les heures : maîtres pour
maîtres, le peuple préféra encore les Barbares.

L'Empire garda quelque temps encore la possession d'une
partie de la Gaule, dans le Nord, dans le Centre, dans le Midi,

et une sorte de suprématie nominale sur ce qui venait de lui échapper. Cette grande ruine impériale, — un nom ayant remplacé un fait, un formidable souvenir ! — inspirait encore un reste de superstitieux respect aux Barbares (1).

Mais l'heure était proche où ce respect sentimental allait, lui aussi, s'évanouir, où un peuple neuf et de sang ardent allait refaire pour jamais, et à son propre profit, l'indépendance et l'unité de tous les territoires de la Gaule occidentale.

(1) H. MARTIN, *loc. cit.*

DEUXIÈME PARTIE

RIVALITÉ DE L'ÉLÉMENT GAULOIS
ET DE L'ÉLÉMENT FRANK

I

Ce fut vers l'an 420 que les Franks Saliens, mécontents des cantonnements qui leur avaient été assignés, se déterminèrent à tenter, à leur tour, un établissement dans la Gaule.

Leurs origines sont assez confuses. Voici comment Grégoire de Tours les a résumées dans son *Histoire des Franks*.

« Quant aux rois des Franks, écrit ce chroniqueur, beaucoup de gens ignorent quel fut le premier d'entre eux. Sulpice Alexandre parle beaucoup de ces peuples dans son Histoire, et cependant il ne nomme en aucune façon leur premier roi ; il dit seulement qu'ils avaient des *ducs*....... Il y en a beaucoup qui racontent que ces peuples sont sortis de Pannonie, et qu'ils s'établirent d'abord sur la rive du Rhin ; que, ayant ensuite traversé ce fleuve, ils passèrent dans la Thuringe et que là, suivant les bourgs ou cités, ils créèrent pour les commander des rois chevelus pris dans la première et, pour ainsi dire, la plus noble de leurs familles. C'est un fait qui fut consacré plus tard, comme le démontrèrent les victoires de Clovis, et que nous exposons dans ce qui va suivre. On lit aussi dans les *Fastes consulaires* que le roi des Franks Theodomer, fils de Richimer, et Aschila, sa mère, périrent par le glaive. On dit également qu'alors Clodion, homme de mérite et de la plus haute noblesse parmi ceux de sa nation, fut roi des Franks. Il habitait la forteresse de Disparg (1), dans le pays des Thuringiens. De ce côté les Romains occupaient l'espace qui s'étend au midi jusqu'à la Loire. Au delà de la Loire dominaient les Goths; et les Bourguignons, attachés à la secte des Ariens, s'étaient fixés de l'autre côté du Rhône qui borde la cité lyonnaise. Clodion, ayant envoyé des éclaireurs vers la ville de Cambrai et fait explorer tout le pays, se met lui-même à leur suite, écrase les Romains, puis s'empare de la ville. Il s'y arrêta peu de temps, et prit possession de tout le pays jusqu'au fleuve de la Somme. Quelques-uns prétendent que le roi Mérovée, dont Childéric fut le fils, était de sa famille. »

C'est la seule mention de Mérovée qu'on lise dans l'importante Chronique de l'évêque de Tours ; tant de concision n'est que de la partialité. En sa qualité de Gallo-Romain de vieille et noble souche, Grégoire est hostile aux Franks; il ne célèbre des actions de leurs princes que les services qu'ils ont rendu à la foi catholique : le reste disparaît trop souvent dans son récit. Ce n'est pas à dire qu'il soit un historien infidèle, mais souvent il semble volontairement incomplet. Pour ce qui concerne particulièrement Mérovée, son oubli constitue une criante injustice, car ce vaillant prince contribua, peut-être plus que tout autre, à préserver de l'écrasement des Huns la Gaule et l'empire romain.

Un peuple de cette race touranienne que nous appelons Tartare, les Huns, si farouches que les autres Barbares pouvaient passer pour humains et civilisés auprès d'eux, avaient, par une suite de victoires, réuni sous leur commandement presque tous les Barbares de l'Asie occidentale et de l'Europe orientale, depuis la mer Caspienne jusqu'au Danube et au Rhin. Leur roi Attila se dénommait lui-même « le Fléau de Dieu », se prétendant envoyé sur la terre pour châtier et broyer

______

(1) Suivant les uns, Duishourg, sur le Rhin; suivant d'autres, Duysborch, entre Louvain et Bruxelles; ou Dietz, ou Deistheim. Rien de certain à cet égard.

FUNÉRAILLES D'UN CHEF GAULOIS

les méchants. Réellement, il écrasait tout sur son passage, livrant les villes aux flammes et leurs habitants au glaive. Il attaqua d'abord l'empire romain d'Orient, et l'envahit ; partout où il passait, il réduisait en déserts des régions entières. Puis, il se tourna vers l'Occident.

Mais, là, il rencontra devant lui un grand homme de guerre et un grand politique, tel que la société romaine en vit naître encore de temps à autre jusqu'à sa dernière déchéance. Il se nommait Aétius. L'historien Renatus Frigeridus en a tracé le portrait suivant : « Il était d'une stature moyenne, d'un extérieur mâle, bien fait, ni trop faible, ni trop pesant ; vif d'esprit et vigoureux de membres ; cavalier très agile, adroit tireur, maniant bien la lance, très apte à la guerre, excellent dans les arts de la paix. Sans avarice ni avidité, doué des bons penchants du cœur, et ne déviant pas de son devoir par mauvaises instigations, il était d'une extrême patience à braver tous les maux, laborieux, intrépide au milieu des dangers, et supportait la faim, la soif et les veilles. Il est certain qu'on lui avait prédit dès son enfance la grandeur qui lui était destinée et la célébrité qu'il obtiendrait dans son siècle et dans son pays. » Pour son époque, c'était un héros. Aétius réussit à réunir pour la défense commune tous les peuples qui occupaient la Gaule. Les Wisigoths, les Burgundes, les Franks de Mérovée et les Gaëls de l'Armorique s'allièrent, en cette circonstance, avec le reste des Gaulois demeurés soumis aux Romains.

Nous laissons ici la parole à Grégoire de Tours.

« Les Huns, raconte-t-il, étant sortis de la Pannonie, arrivent la veille même du saint jour de Pâques (451) à la ville de Metz. Ils ravagent la campagne, et, quant à la ville, ils la livrent aux flammes, passent le peuple au fil de l'épée, et tuent les prêtres du Seigneur eux-mêmes au pied des saints autels. Nul endroit ne demeura à l'abri de l'incendie, si ce n'est l'oratoire du diacre Étienne, premier martyr...

« Quittant Metz pour ravager une foule de villes des Gaules, Attila vient ensuite attaquer Orléans, dont il tâche de s'emparer en battant les murs à grands coups de bélier. Le bienheureux

Agnan, homme d'une éminente sagesse, d'une sainteté digne de louange, et dont les actions vertueuses sont fidèlement conservées dans notre mémoire, était alors évêque de cette ville. Comme les assiégés demandaient à grands cris à leur évêque ce qu'il fallait qu'ils fissent, celui-ci, plein de confiance en Dieu, les fait prosterner tous pour prier et pour implorer avec larmes le secours du Seigneur, toujours présent lorsqu'on a besoin de lui.

« Ils se mettent en prières, comme il l'avait ordonné, et l'évêque leur dit : « Regardez du haut du rempart de la ville « si la compassion de Dieu nous vient en aide. » Il espérait, en effet, que la miséricorde divine enverrait Aétius, qu'il avait été précédemment trouver à Arles en prévision de l'avenir. Mais ceux qui regardaient du haut du mur ne virent personne.

« Priez avec foi, dit l'évêque, car le Seigneur vous délivrera « aujourd'hui. » Et, pendant qu'ils priaient, il ajouta : « Re-« gardez de nouveau. » Ils regardèrent, et ne virent personne leur apporter secours. Il leur dit une troisième fois : « Que la « foi soit dans vos prières, et le Seigneur est là. » Ils imploraient donc la miséricorde de Dieu avec des larmes et des sanglots. L'oraison finie, ils regardent pour la troisième fois du haut du mur, suivant l'ordre du vieillard, et voient au loin comme un nuage s'élever de terre. Ils l'annoncent à l'évêque, qui leur dit : « C'est le secours du Seigneur. »

« Déjà, cependant, les murs tremblent sous les coups du bélier ; ils étaient près de s'écrouler lorsque arrive Aétius. Théodoric, roi des Goths, et Thorismond, son fils, accourent en même temps vers la ville avec leurs armées et repoussent ou chassent l'ennemi qu'ils ont devant eux. Après avoir ainsi, par suite de l'intercession du saint évêque, délivré la ville, ils mettent en fuite Attila, qui gagne les plaines de Méri (1) et se dispose là à un autre combat. Les nôtres, à cette nouvelle, se préparent vigoureusement contre lui.....

(1) Le *Mauriacum campum*, où s'effondra la puissance des Huns, n'est autre, d'après l'opinion générale, que Méri-sur-Seine (Aube). Ce serait donc à tort que quelques historiens indiquent Châlons.

« Aétius donc, réuni aux Goths et aux Franks, en vint aux
mains avec Attila. Celui-ci, voyant son armée taillée en pièces
et menacée d'extermination, se dérobe par la fuite. Cependant,
le roi des Goths, Théodoric, avait été tué dans ce combat ;
ce fut donc avec l'aide de Thorismond que le patrice Aétius
obtint la victoire et anéantit les ennemis. La guerre étant terminée, Aétius dit à Thorismond : « Hâte-toi de retourner dans
« ta patrie de peur que ton frère, par ses efforts, ne te dé-
« pouille du royaume de ton père. » L'autre, à ces paroles,
partit en grande hâte pour prévenir son frère et pour prendre
possession le premier du trône paternel. Par une ruse sem-
blable, Aétius fit fuir aussi le roi des Franks. Eux partis, il
dépouilla le champ de bataille et retourna victorieux dans sa
patrie avec un grand butin. Attila revint avec peu de monde
et, bientôt après, les Huns, s'étant emparés d'Aquilée, qu'ils
incendièrent et détruisirent, se répandirent dans l'Italie et la
ravagèrent. »

La bataille de Méri avait sauvé la Gaule, — plus encore, la
Civilisation. Il périt là 180,000 Huns. Après sa stérile revanche
d'Aquilée, Attila quitta l'Italie pour aller mourir sur le Danube.
Après lui, le grand empire Tartare fut dissous.

Mais, si l'avenir était sauvé, le présent était bien sombre.
Les grands hommes qui défendaient les restes de la civilisation romaine succombaient tour à tour sous les violences des
auxiliaires Barbares ou sous l'ingratitude de leurs indignes
souverains. C'est ainsi qu'Aétius fut assassiné par l'ordre de
l'empereur Valentinien (454), qui redoutait sa popularité ; tel
avait été déjà le sort de Stilicon. Il est vrai que l'année suivante un trompette d'Aétius, nommé Occylla, vengea le meurtre
de son maître dans le sang de l'empereur. Mais cette réparation sanglante ne remédia à rien.

Les Germains de la Gaule se précipitèrent à la curée. Les
Burgundes passèrent les monts Jura, envahirent les anciens
pays des Séquanais et des Éduens, puis occupèrent Lyon et
note la région sise entre le Rhône et les Alpes jusqu'à la
Durance : en même temps, leurs princes traitèrent avec un

chef d'auxiliaires Barbares qui commandait en Italie et y
faisait empereur qui bon lui semblait ; ils reçurent de lui
des titres de dignités romaines pour gouverner leurs provinces gauloises. Quant aux Wisigoths, ils s'emparèrent de
la province de Narbonne et poussèrent jusque dans la Gaule
centrale : en 474, ils obtenaient de l'Empire la tranquille possession de l'Auvergne et de tous les pays sis au midi de la
Loire et à l'ouest du Rhône, afin qu'ils lui laissassent, pour
prix de ce piteux accommodement, la contrée comprise entre
le Rhône, la Durance et la mer. Enfin, les Franks prirent aussi
leur part. Nous avons vu les Franks Saliens, ou Occidentaux,
s'installer jusqu'à la Somme. A leur tour, les Franks Ripuaires,
ou Orientaux, prirent Cologne, demeurée jusque-là romaine (1).

La domination romaine allait, quelques années plus tard,
disparaître complètement sous les coups des Franks. Ceux-ci
s'apprêtaient, du reste, à s'agrandir. Childéric, fils de Mérovée,
avait hérité des instincts belliqueux de son père, qui étaient
ceux de sa race. Les débuts de son règne furent assez roma-
nesques. Nous en empruntons encore le tableau à Grégoire de
Tours, qui sera du reste, nous nous empressons de le déclarer,
notre guide principal dans cette Seconde Partie de notre Étude.

« Childéric, raconte ce chroniqueur, vivait dans la dépravation. Les Franks, indignés, le détrônèrent (459) ; et, comme
il sut qu'ils voulaient même le tuer, il gagna la Thuringe,
laissant sur les lieux un homme dévoué qui pût amollir par de
douces paroles la colère de ces gens furieux. Il lui donna aussi
un signe pour savoir quand il pourrait revenir dans le pays,
c'est-à-dire qu'ils divisèrent en deux un sou d'or et que
Childéric en emporta une moitié avec lui, tandis que son ami
garda l'autre, disant : « Lorsque je t'enverrai cette moitié et
« que les deux parties réunies formeront la pièce entière,
« alors tu pourras sans aucune inquiétude rentrer dans le
« pays. » Étant donc allé en Thuringe, Childéric se cacha
auprès du roi Basin et de Basine sa femme. Après son expul-

(1) H. Martin, *loc. cit.*

sion, les Franks se choisirent unanimement pour roi le romain
Égidius, maître de la milice dans la Gaule impériale. Égidius
régnait sur eux depuis huit ans lorsque le fidèle ami de Childéric, ayant en secret apaisé les Franks, lui envoya des messagers avec le fragment qu'il avait gardé du sou partagé en
deux. Childéric, voyant par cet indice certain que les Franks
le regrettaient et ayant même reçu d'eux la prière de revenir,
quitta la Thuringe et fut rétabli dans son royaume. Pendant
qu'Égidius et Childéric régnaient en même temps, cette Basine,
dont nous venons de parler, abandonna son mari et se rendit
auprès de Childéric. Ce prince lui ayant demandé avec solli-
citude par quel motif elle était venue le trouver de si loin, on
rapporte qu'elle répondit : « Je connais ton mérite comme
« homme de grand courage, voilà pourquoi je suis venue
« habiter avec toi ; car tu sauras que, si j'avais connu au
« delà des mers un homme qui valût plus que toi, j'aurais
« désiré de même habiter avec lui. » Celui-ci, joyeux, s'unit
à elle en mariage. Elle eut un fils, qu'elle appela Clovis. »

Égidius mourut en 464, laissant un fils nommé Syagrius,
que nous retrouverons ailleurs. Quant à Childéric, ses épreuves
avaient fait de lui un autre homme. Préoccupé désormais
d'agrandir et de consolider son petit royaume, il poussa jusqu'à Orléans et essaya même d'enlever Bourges. Dans le même
temps, des pirates Saxons revinrent cantonner dans les îles
de la Loire, sous les ordres d'un certain Odoacre, et prirent
Angers. Le roi Childéric, dont ces intrus dérangeaient les
plans, marcha contre eux et leur reprit cette importante place.
C'est à partir de cette date que « le nom redoutable des
Franks retentit par tout le pays » et que le Clergé catholique,
pour des causes que nous indiquerons plus loin, commença à
« désirer passionnément l'établissement de leur domination ».
La mort frappa Childéric (481) à Tournai, avant qu'il eût pu
donner un complet achèvement à ses vastes desseins. Mais
son fils Clovis lui succéda pour les réaliser.

Avant d'aborder le règne du premier fondateur de la monarchie franke, il nous paraît utile de fixer la situation pré-

cise des divers partis. Les Gaulois ne pouvant plus être libres, mais pouvant au moins choisir leurs dominateurs, il s'agissait de savoir auquel des trois peuples Barbares nouvellement installés chez eux appartiendrait cette domination. Tous les trois avaient des mérites égaux, sinon des chances égales.

Les Burgundes étaient les plus doux entre les Germains, par conséquent les moins redoutables aux anciens habitants. Ils ne méprisaient pas, comme leurs autres congénères, le travail et les métiers, ni ne croyaient pas que l'homme libre ne dût que se battre et chasser ; mais, d'autre part, ils étaient les moins vifs d'esprit, les moins hardis, les moins capables de grandes choses.

Grégoire de Tours, qui ne les aimait pas, en a tracé un assez fâcheux portrait : il leur reproche principalement des cruautés sans nombre et une ivrognerie invétérée. Le grand grief du dévot chroniqueur contre ce peuple voisin est qu'il pratiquait l'Arianisme ; à ce titre, les évêques catholiques leur étaient peu agréables, et même, au besoin, ils ne se gênaient guère pour s'en débarrasser. Grégoire le constate à l'occasion, avec une amertume irritée. Il ne manque pas davantage de nous les représenter comme un ramassis d'assassins, d'incendiaires, de sacrilèges et de pillards, quand ils vont en expédition ; et même, à ce sujet, il prête à leurs propres princes de singuliers aveux. C'est ainsi qu'il met dans la bouche du roi Gontran, au retour d'une expédition avortée contre les Goths d'Espagne (586), la trop excessive confession publique suivante :

« Comment pouvons-nous en ce moment remporter la vic-
« toire, nous qui ne conservons pas les usages qu'ont suivis nos
« pères ? Eux, en bâtissant des églises, en plaçant tout leur
« espoir en Dieu, en honorant les martyrs, en vénérant les
« évêques, ont obtenu des victoires et souvent subjugué par
« l'épée et le bouclier, grâce à l'assistance divine, les nations
« ennemies. Pour nous, non seulement nous n'avons pas la
« crainte de Dieu, mais nous dévastons les choses qui lui sont
« consacrées, tuons ses ministres, enlevons avec dérision et
« dispersons les reliques mêmes des saints. Il n'est pas pos-

« sible d'obtenir la victoire quand on commet de telles actions ;
« aussi nos mains sont affaiblies, notre épée est refroidie, et
« nous ne trouvons plus dans le bouclier, comme autrefois,
« défense et protection. »

La rancune de l'évêque perce trop dans ce récit suspect et,
par sa fièvre même, nous tient en doute. Nous ne pouvons oublier, d'ailleurs, que les rois Burgundes furent les auteurs de
la célèbre Loi Gombette, la législation la plus remarquablement
douce de cette époque, qui suppose une douceur relative de
mœurs et de goûts peu en rapport avec les instincts sanguinaires
et violents que leur prête la Chronique haineuse du prélat Gallo-
romain. Dans tous les cas, nous savons par d'autres sources
plus dignes de foi que les Burgundes étaient beaucoup plus
civilisés que les Franks (1) : l'éloquent discours que Grégoire
lui-même place dans la bouche de la reine Clotilde, qui était
Burgunde, quand elle veut convertir son royal époux, donne
une idée très satisfaisante de cette civilisation.

Il est préférable de s'en rapporter sur ce point au sentiment
de Michelet. Ce grand écrivain, avec son exquise et habituelle
divination des problèmes historiques les plus ardus, nous a
laissé au sujet des Burgundes une brève appréciation qui paraît
la seule vraie.

« Les Burgundes, dit-il (2), qui s'établirent à l'ouest du Jura
vers la même époque que les Goths dans l'Aquitaine, avaient
peut-être encore plus de douceur. Avant leur entrée dans
l'Empire, ils étaient presque tous gens de métier, ouvriers en
charpente ou en menuiserie. Ils gagnaient leur vie à ce travail
dans les intervalles de paix, étaient ainsi étrangers à ce double
orgueil du guerrier et du propriétaire oisif qui nourrissait l'in-
solence des autres conquérants. « Grands mangeurs, taille de
« géants, longs cheveux, incommodes et grossiers, mais point
« du tout méchants, » tels nous les dépeint Sidonius.

----

(1) Consulter la dissertation de M. Henri Bordier sur l'*Autorité de Grégoire
de Tours* dans l'édition Didot, t. II, p. 415-416.

(2) MICHELET, *Notre France*, p. 231, 232, 236.

« Chez les Burgundes prévalait l'autorité des chefs militaires qui les menaient au combat. L'esprit de la bande guerrière, du *comitatus* aperçu par Tacite dans les premiers Germains, est tout-puissant chez ce peuple. Ce principe d'attachement à un chef, cette religion de l'homme envers l'homme devint le principe de l'organisation féodale qui fut si forte en Bourgogne.

« De charpentiers les Burgundes se firent vignerons. La culture de la vigne, si ancienne dans le pays, a singulièrement influé sur le caractère de son histoire. Les vignobles s'étendant de proche en proche sur les coteaux, la population, dans les classes inférieures, augmenta à son tour...... Les paysans de Bourgogne se sont révoltés plus d'une fois depuis le temps des Bagaudes jusqu'au xviie siècle, où, dans une insurrection, ils se firent un roi contre Louis XIV...... La Bourgogne semble avoir encore quelque chose des Burgundes : la sève enivrante de Beaune et de Mâcon trouble comme celle du Rhin. »

Ce n'était pas ces Burgundes, assurément, qui pouvaient l'emporter sur les puissants Wisigoths, si renommés par leurs exploits, qui avaient pris Rome, contribué, au premier rang, à la défaite d'Attila et conquis, en plus, l'Espagne sur d'autres conquérants Germains.

Grégoire de Tours ne nous a pas, cependant, représenté les Wisigoths sous des couleurs plus favorables que les Burgundes ; mais ses préjugés à leur égard sont les mêmes, puisqu'ils étaient également Ariens. Suivant lui, ils sont moqueurs, pillards, sanguinaires, peureux et lâches, ayant pour habitude d'assassiner leurs rois. Surtout, il leur reproche de persécuter les évêques et de rebaptiser les enfants catholiques. Ces deux derniers griefs expliquent suffisamment les autres.

La vérité est que les Wisigoths se rapprochaient le plus, de tous les Germains, de la civilisation romaine. Unis en un seul corps, sous un seul roi, ils n'avaient pas cessé d'étendre leur royaume. Toutes les chances semblaient pour eux.

Mais le Clergé, tout-puissant, avait su élever contre eux une grand obstacle : la religion.

C'est ici le lieu d'expliquer sommairement ce que l'on entendait alors par Arianisme. Cette courte excursion dans le domaine théologique, en dehors de tout esprit de polémique religieuse, est absolument nécessaire ici pour la compréhension des faits.

« La Chrétienté, constate Henri Martin (1), était partagée entre deux sectes ennemies, les Trinitaires et les Ariens, ceux-ci étant ainsi nommés du nom de leur fondateur Arius.

« La doctrine des Trinitaires, qui était la plus savante, avait été, après de longs débats, adoptée par les Grecs et les Romains, et par les Gaulois initiés aux connaissances grecques et romaines. La doctrine des Ariens, qui était la plus simple, avait été préférée par les Barbares lorsqu'ils s'étaient faits chrétiens.

« La croyance des Trinitaires reposait sur la doctrine du Verbe créateur ou de la Parole éternelle de Dieu, qui avait été connue des religions de l'antiquité. Les Trinitaires y avaient ajouté la croyance au Saint-Esprit, l'esprit de vie et d'amour. Et ils croyaient que Dieu, en se contemplant éternellement dans sa pensée, se reproduit éternellement lui-même dans ce qu'ils appelaient son Verbe, et que, se contemplant et se reproduisant éternellement, il s'aime d'un amour éternellement vivant ; puis que son Verbe, c'est-à-dire sa Parole, avait créé le monde par l'opération de son Amour, afin de faire participer ses créatures à son bonheur éternel. Ils croyaient que le Père éternel, et le Verbe, et l'Esprit d'amour sont un seul et même Dieu sous trois personnifications. C'est là ce qu'on appelle le dogme de la Trinité, et c'est l'effort le plus hardi qu'ait fait l'esprit de l'homme pour entrevoir le mystère de la vie en Dieu. Les Trinitaires croyaient, d'après saint Jean et saint Paul, que Jésus-Christ était le Verbe éternel associé sur la terre à une âme humaine. La croyance à la divinité du Christ est distincte de celle de la Trinité, mais y est associée dans la religion catholique.

« Les Ariens croyaient au Père éternel, mais non au Verbe

(1) H. MARTIN, loc. cit., t. I, c. VIII, p. 55-56.

éternel ni au Saint-Esprit. Le Verbe n'était pour eux qu'une
créature supérieure par laquelle Dieu communique avec les
hommes, et Jésus-Christ était ce Verbe créé.

« Si l'on n'eût pas faussé le Christianisme, ces questions
profondes et obscures eussent été paisiblement débattues entre
les savants et les docteurs. Mais, depuis l'union de l'Église et
de l'État, toute discussion religieuse amenait l'intervention de
la force : Ariens et Trinitaires s'étaient persécutés tour à tour
sous les empereurs, et maintenant les Wisigoths ariens persé-
cutaient, en Gaule et en Espagne, les évêques et le culte trinitaires.

« Les évêques, et avec eux les populations gauloises, haïssaient donc les Wisigoths, soit dans les provinces soumises à
ceux-ci, soit dans les provinces encore indépendantes. Les
évêques commencèrent à se retourner du côté des Franks. »

Cette haine des évêques catholiques contre l'Arianisme est
appréciée en termes identiques par Michelet :

« Ce fut, déclare-t-il (1), le Clergé des Gaules qui appela les
Franks contre les Goths, haïs pour avoir rapporté de l'Orient
l'Arianisme grec. Les Franks — un mélange de toutes les tribus allemandes, n'ayant dès lors aucune originalité de race —
étaient établis depuis un siècle dans les marais de la Batavie et
dans la Belgique. L'Église fit leur fortune. Jamais leurs faibles
bandes n'auraient détruit les Goths, humilié les Bourguignons,
repoussé les Allemands, s'ils n'eussent trouvé dans le Clergé
un ardent auxiliaire qui guida, éclaira leur marche, leur gagna
d'avance les populations. »

Les Franks étaient, pourtant, ceux des Germains qui, jusque-
là, se montraient les plus éloignés de la civilisation romaine.
Hommes d'une violence, d'une audace et d'un esprit aventu-
reux, ils rappelaient les Gaulois primitifs du temps des *brenns*.
Les grandes haches de fer, les lourdes épées, les larges poi-
gnards qu'on retrouve dans leurs tombeaux donnent une haute
idée de leur taille et de leur force; et ils étaient aussi adroits,

(1) MICHELET, *loc. cit.*, p. 3.

aussi agiles qu'ils étaient forts. Leur maxime, à la guerre, était : « Vaincre ou mourir. » Ils se montraient à la fois très barbares et très intelligents ; mais, comme ils étaient divisés en beaucoup de tribus qui se concertaient difficilement, ils n'avaient point accompli jusqu'alors des conquêtes proportionnées à leur vaillance. Ils n'étaient pas davantage Trinitaires, n'étant pas même Chrétiens. Tandis, en effet, que les autres Barbares établis dans l'ancien empire romain s'étaient tous faits Ariens, les Franks avaient gardé le culte d'Odin, une religion qui ne prêchait que la vertu guerrière, où le bonheur des héros dans l'autre vie consistait à boire, à se battre, à chasser et à écouter des chansons guerrières jusqu'à la fin des temps. Mais les évêques pensaient que ce culte grossier n'était plus fort enraciné chez eux, qu'on pourrait les gagner au Christianisme trinitaire et, ainsi, les opposer aux Wisigoths.

Grégoire de Tours, fidèle à ses rancunes de Gallo-Romain, ne peut s'empêcher de traiter les Franks de « Barbares » et d' « ennemis », car ils sont « idolâtres » ; toutefois, comme il écrit alors qu'ils étaient établis définitivement, qu'ils s'étaient convertis et que lui-même bénéficie des privilèges accordés par eux à la caste sacerdotale, il reconnait à diverses reprises, et d'assez bonne grâce, qu'ils étaient « désirés par les peuples ». Nous savons, maintenant, ce que signifie cette expression.

Rien, du reste, ne saurait mieux donner une idée exacte de la politique du Clergé envers les Franks qu'un examen de la façon particulière dont Grégoire a entendu rédiger son importante Chronique. Cet examen n'est pas un hors-d'œuvre ; il aidera, au contraire, à expliquer et à comprendre la situation.

Le système et les idées de l'empire romain étant décrépits, impuissants, odieux, la société gallo-romaine du Ve siècle n'avait vu de refuge et de sécurité que dans la morale de l'Église chrétienne garantie par la solidité de sa foi ; et elle avait ouvert la porte aux Barbares. Ceux qui firent cette Révolution n'eurent pas le plus à en souffrir, et il était facile à saint Remi de parler de douceur aux Sicambres étonnés de leur succès, admirant la beauté de cette Gaule convoitée depuis tant de siècles, serrés autour de leur roi et respectant encore la discipline. Cent ans plus tard, au temps de Grégoire, les choses étaient bien changées, et l'Eglise avait pleinement à subir les dures conséquences de ce qu'elle avait fait. A la somme des maux de la Gaule elle avait ajouté la brutalité d'une soldatesque étrangère. Mais l'accroissement du danger avait grandi les ardeurs de la piété ; amener à la foi chrétienne, pour amener de là aux véritables sentiments du Christianisme, d'une part ces Franks grossiers qui n'étaient convertis que de nom, de l'autre les masses gallo-romaines encore plongées dans un paganisme sensuel, telle était, telle devait être longtemps encore la préoccupation incessante de l'Église des Gaules ; donc tout ce qui est fait pour la foi Catholique et en vue de son avancement est héroïque, tout ce qui lui est contraire est criminel. Un historien ecclésiastique ne verra rien et ne voudra rien voir au delà. A ce titre, Clovis docile à saint Remi, Clovis partageant son autorité avec les évêques au concile d'Orléans, Clovis massacrant les chefs païens jusque dans sa propre famille, demeure également fidèle et sans tache. Si Ragnachaire, Sigebert et ses autres victimes étaient des Franks inconvertis, Grégoire doit se féliciter de leur perte et en glorifier l'exécuteur : or, ils faisaient tous profession de Paganisme. C'est pourquoi Grégoire a écrit cette fameuse phrase, qu'on lui a tant reprochée : « Chaque jour Dieu faisait ainsi tomber les ennemis de Clovis sous sa main et augmentait son royaume, parce qu'il marchait avec un cœur droit. » C'est pourquoi il écrit encore ailleurs : « Plût à Dieu que vous aussi, ô rois! vous ne vous exerciez qu'à des combats semblables à ceux où se sont fatigués vos pères, afin que les Gentils, effrayés déjà de votre union, fussent accablés par votre puissance. Rappelez-vous ce qu'a fait le premier auteur de toutes vos victoires, Clovis, qui mit à mort tous les rois opposés, écrasa les populations ennemies, subjugua celles qui appartiennent à la patrie, et vous a laissé sur ces dernières un empire intact et absolu. Et, quand il exécutait tout cela, il n'avait ni or ni argent, comme il y en a maintenant dans vos trésors. »

L'explication de ces deux étonnantes apologies est là. Grégoire passe rapidement sur ces assassinats et ne leur accorde qu'un mot d'éloge, parce que, pour lui, ce n'était que du passé et que le danger était désormais ailleurs. Mais il faut l'entendre parler des Ariens, c'est-à-dire de ceux qui, de son temps, menaçaient véritablement l'orthodoxie ! Alors son injustice et sa partialité sont éclatantes : il triomphe de tout le mal arrivé à ces ennemis de la foi catholique; il les injurie; il appelle sur eux les châtiments les plus sanguinaires de l'Ancien Testament; il qualifie de punitions méritées les cruels égorgements des rois Alaric, Godegisèle, Gondebaud, Gondomar, pour revenir, une fois de plus, aux louanges des sanglants succès de Clovis : « Le roi Clovis, ayant confessé la Trinité, dompta par son appui les hérétiques et étendit son royaume sur toutes les Gaules ! » C'est ainsi que le sens moral se pervertit, que l'intelligence s'obscurcit, que le cœur se déprave dans les querelles religieuses. Toutes les espérances de l'Église catholique étant attachées à la force et à l'unité de la foi, l'anéantissement des incrédules par tous les moyens possibles était œuvre salutaire et pieuse. On ne sait que trop pendant combien de siècles cette doctrine a persisté après qu'elle n'avait plus, comme au temps de Grégoire, une sorte de nécessité apparente pour excuse (1) !

Il ne manquait plus aux Franks, pour profiter des circonstances favorables offertes, qu'un guerrier de génie qui sût les réunir sous une même bannière. Ce guerrier de génie fut Clovis.

(1) H. Boudier, *De l'autorité de Grégoire de Tours*, loc. cit., p. 417-419.

II

Clovis. — Sa conversion. — Ses triomphes. — Il règne sur
toute la Gaule concédée aux Barbares. — Première unifi-
cation du territoire ; la Gaule disparaît, et la France est
créée. — Situation privilégiée des Évêques et du Clergé.

Clovis était tout jeune encore quand, en 481, il succéda à
son père Childéric. Sitôt qu'il eut atteint l'âge d'homme, il
commença sa carrière de conquérant.

Grégoire de Tours raconte comme il suit ses débuts :

« Pendant la cinquième année de son règne, Syagrius, roi
des Romains, fils d'Egidius, faisait sa résidence dans la ville
de Soissons, qu'Egidius avait autrefois occupée, lorsque Clovis,
marchant contre lui avec son parent Ragnachaire, qui était
aussi roi des Franks de Cambrai, vint lui demander de choisir
un champ de bataille. Syagrius ne recula point et, sans crainte,
accepta le défi. Les deux partis combattirent donc. Syagrius
vit son armée se rompre ; il tourna le dos et, d'une course
précipitée, se réfugia auprès du roi Alaric, à Toulouse. Clovis
envoya aussitôt vers le roi Goth pour qu'il le livrât, disant que,
s'il le gardait, il lui ferait la guerre à son tour. Alaric craignit
de s'exposer, pour Syagrius, à la colère des Franks, car les
Goths ont l'habitude d'avoir peur, et il le livra enchaîné aux
envoyés. Clovis, dès qu'il l'eut en son pouvoir, le fit mettre en
prison, s'empara de son royaume et donna l'ordre de l'égorger
secrètement. »

Cette victoire (486) eut pour résultat immédiat de donner
out le pays situé entre la Somme, la Marne et la haute Seine
aux Franks Saliens, lesquels prirent les biens et les terres qui
leur convinrent. Quant à Clovis, il se saisit des terres du domaine
impérial romain.

« A cette époque, continue notre chroniqueur, beaucoup
d'églises furent pillées par l'armée de Clovis, car il était encore
plongé alors dans les erreurs de l'idolâtrie. L'ennemi avait
enlevé de l'église de Reims un vase d'une grandeur et d'une
beauté merveilleuses, avec tous les autres ornements du saint
ministère. L'évêque de cette église, Remi, envoie des messagers au roi, demandant que, s'il ne pouvait obtenir de recouvrer les autres vases sacrés, on lui rendît au moins celui-là.
Aux paroles de l'envoyé le roi répondit : « Suis-nous jusqu'à
« Soissons, car c'est là que sera partagé tout le butin ; et, quand
« ce vase sera entré dans ma part, je ferai ce que le père de-
« mande. » En arrivant à Soissons, le roi fit déposer toute la
charge du butin au milieu de ses soldats et dit : « Je vous prie,
« mes braves guerriers, de vouloir bien m'accorder, outre ma
« part, au moins le vase que voilà ! » Et il montrait le vase dont
nous avons parlé. A ces paroles, les plus sensés répondirent :
« Glorieux roi, tout ce que nous voyons ici est à toi, et nous-
« mêmes nous sommes soumis à ton pouvoir ; qu'il soit donc
« fait selon ce qui te paraît agréable, car personne ne peut
« résister à ta puissance. » Comme ils avaient ainsi parlé, un des
soldats, léger, jaloux et emporté, se récria d'une voix forte,
leva sa hache à deux tranchants et frappa le vase en disant :
« Tu n'auras rien de tout cela que ce qui te sera véritablement
« donné par le sort. » Tous restèrent stupéfaits. Le roi comprima
l'outrage avec une patiente douceur, et, le vase lui étant échu,
il le rendit à l'envoyé de l'évêque, gardant la blessure cachée
dans son cœur. Un an s'étant passé, il fit assembler toutes ses
bandes en appareil militaire au champ de mars, chacun devant
y montrer ses armes tenues en bon état. Comme il s'apprêtait
à faire le tour des rangs, il vint à celui qui avait frappé le vase
et lui dit : « Nul autre n'a d'armes aussi mal tenues que les

« tiennes ; ta lance, ton épée, ta hache, rien de tout cela n'est
« bien ». Et, saisissant la hache, il la jette à terre. Le soldat
s'inclina pour la ramasser ; alors le roi, levant la sienne à deux
mains, la lui enfonça dans le crâne, en disant : « Voilà ce que tu as
« fait au vase de Soissons ! » L'homme était mort ; il ordonna aux
autres de se retirer. Par cette action il sema une grande crainte
autour de lui. Il eut beaucoup de guerres et de victoires. La
dixième année de son règne, il porta ses armes chez les Thuringiens et les soumit à son pouvoir. »

Néanmoins, Clovis ne se faisait pas chrétien, et les villes
gauloises ne voulaient point le reconnaître pour roi. Depuis
le malheur de Syagrius à Soissons, elles recommençaient à se
soutenir les unes les autres contre les Franks. Clovis, de son
côté, avait compris que Paris était le vrai centre et le point
essentiel de toute la grande région qu'arrosent la Seine et ses
affluents ; pendant cinq années, il guerroya autour de Paris.
Mais les Parisiens résistaient toujours ; et, tandis que l'évêque
de Reims, qui avait déjà ses desseins, favorisait Clovis, une
sainte, une prophétesse, issue de sang gaulois, encourageait
les Parisiens à la défense.

Cette femme était Geneviève, la bergère fameuse de Nanterre.
Vouée à la prière et à la contemplation dès son enfance, elle ne
menait pas la vie en commun avec d'autres femmes dans un
couvent : elle avait jusque-là vécu solitaire dans un cercle de
pierres qui subsistait de l'ancien sanctuaire gaulois de Nanterre,
près de la Seine, puis dans une cellule à Paris. Et là, comme
les prophètes d'Israël, comme les anciennes prophétesses des
Gaulois et des Germains, cette *voyante* sortait de sa retraite
aux jours des périls publics pour relever le cœur de ses con-
citoyens et leur présager l'avenir. C'est ainsi qu'autrefois elle
avait prédit qu'Attila ne viendrait pas contre Paris ; et Paris,
en effet, n'avait pas vu les Huns. Maintenant, elle exhortait les
Parisiens à se raidir contre les souffrances et les terreurs du
siège. Un jour, elle s'embarqua sur la Seine pour aller chercher
à Melun un grand convoi de vivres, qu'elle ramena dans la ville
affamée, et elle préserva ainsi la place d'une reddition. Ce sont

là les souvenirs qui ont valu à Geneviève d'être choisie pour
« patronne » de Paris (1).

Les évêques gaulois cherchaient inutilement les moyens de
mettre fin à cette guerre et d'amener Clovis à se faire chrétien.
Une circonstance imprévue favorisa leurs plans. Gondebaud,
roi des Burgundes, avait autrefois fait mourir son frère Chilpéric, qui régnait avec lui, afin de rester seul maître du royaume.
Ce frère avait laissé une fille, Clotilde, très belle et qui avait
été élevée dans la croyance trinitaire, tandis que Gondebaud et
ses Burgundes étaient Ariens. Les évêques suggérèrent à Clovis
de demander Clotilde en mariage (493), et le roi des Burgundes
n'osa refuser sa nièce au puissant roi des Franks. Quand on
sut que Clovis avait épousé une princesse catholique, Paris,
Amiens, Beauvais et Rouen, déposant leurs armes, reconnurent
Clovis pour roi.

« Clovis, raconte à ce propos Grégoire de Tours, eut de la
reine Clotilde un premier fils. Voulant que l'enfant fût consacré
par le baptême, la femme pressait instamment son mari, lui
disant : « Les dieux que vous honorez ne sont rien, car ils ne
« peuvent rien, ni pour eux-mêmes ni pour les autres, puis-
« qu'ils sont taillés de pierre, de bois ou de métal. Les noms
« que vous leur avez donnés sont des noms d'hommes, et pas
« de dieux : comme Saturne, qui, dit-on, s'échappa par la fuite
« pour ne pas être chassé du trône par son fils; comme Jupiter
« même, infâme artisan de toutes les débauches. Qu'ont fait
« Mars et Mercure? Ils possèdent plutôt les arts de la magie
« que la puissance de personnes divines. Mais celui qu'on doit
« honorer davantage est Celui qui, par sa parole, a créé de
« rien le ciel, la terre et la mer et toutes les choses qui y sont
« contenues; qui a fait briller le soleil, a orné le ciel d'étoiles;
« qui a peuplé les eaux de poissons, les terres d'animaux et
« les airs d'oiseaux; qui décore à sa volonté les champs de
« moissons, les arbres de fruits, les vignes de raisins; dont la
« main a créé l'espèce humaine, et dont la libéralité a voulu

(1) H. Martin, *loc. ci*

« que toute créature rendît hommage et service à l'homme,
« formé par lui ». Mais, quoique la reine dît tout cela, l'esprit
du roi n'était pas amené à la Foi. Il répondait : « C'est par la
« volonté de nos dieux que toutes choses ont été créées et
« produites ; il est clair, au contraire, que votre dieu ne peut rien,
« et, qui plus est, il est prouvé qu'il n'est même pas de la race
« des dieux ». Cependant, la reine fidèle présenta son fils au
baptême ; elle fit orner l'église de voiles et de tentures pour
attirer plus facilement à la Foi, par cette pompe, celui que
n'avaient pu toucher les exhortations. L'enfant fut baptisé, et
ils lui donnèrent le nom d'Ingomer ; mais il mourut dans la
semaine de son baptême. Le roi, aigri par cette perte, ne fit pas
attendre ses reproches. Il disait à la reine : « Si l'enfant eût été
« consacré au nom de mes dieux, certes il vivrait encore ; mais,
« comme il a été baptisé au nom de votre dieu, il n'a pas pu
« vivre du tout ». La reine répondait : « Je rends grâces au
« Dieu tout-puissant, créateur de toutes choses, de ce qu'il ne
« m'a pas jugée tout à fait indigne de voir le fruit de mon sein
« admis dans son royaume. Cette perte n'a point affecté mon
« âme de douleur, parce que je sais que les enfants que Dieu
« retire du monde pendant qu'ils sont encore dans les aubes
« doivent jouir de sa présence ». La reine eut ensuite un
second fils, qui reçut au baptême le nom de Clodomir. Cet
enfant étant tombé malade, le roi répétait : « Il ne peut arriver
« autrement à celui-ci qu'il n'est arrivé à son frère ; baptisé
« au nom de votre Christ, il doit mourir aussitôt ». Mais,
par les prières de la mère et la volonté du Seigneur, l'enfant
guérit. »

Clovis persistant à ne pas se faire chrétien, ses succès subirent un arrêt. Les villes d'entre Seine et Loire, soutenues par
les Armoricains, ne suivirent pas l'exemple de Paris : elles
continuèrent à résister aux Franks.

A ce moment critique, les Franks se virent attaqués eux-
mêmes par de nouveaux conquérants. Les Allemands, qui jadis
avaient opéré de nombreuses irruptions en Gaule sans s'y fixer
nulle part, voulurent, à leur tour, y tenter un établissement.

Ils occupaient la rive droite du haut Rhin, depuis le lac de Constance jusqu'au Mein. Ce furent les Franks Ripuaires qu'ils attaquèrent d'abord. Ceux-ci appelèrent les Saliens à leur aide, et toute la race des Franks livra bataille à toute la race des Allemands dans la plaine de Tolbiac, non loin de Cologne.

« Dans cette lutte, déclare notre chroniqueur, Clovis fut contraint par la nécessité de confesser ce que jusque-là il avait nié obstinément. Les deux armées combattaient avec acharnement, mais celle de Clovis commençait à être taillée en pièces. A cette vue, celui-ci leva les yeux au ciel et, d'un cœur fervent, dit en fondant en larmes : « Jésus-Christ, que Clotilde « annonce être fils du Dieu vivant, qui viens, dit-on, au « secours de ceux qui sont en peine et donnes la victoire à « ceux qui espèrent en toi, j'invoque avec dévotion ton glo- « rieux appui. Si tu m'accordes de vaincre ces ennemis, et si « j'éprouve l'effet de cette puissance que le peuple dévoué à « ton nom public avoir éprouvée, je croirai en toi et serai « baptisé en ton nom. J'ai invoqué mes dieux, mais j'éprouve « qu'ils ne sont pas près de me secourir ; aussi je crois qu'ils « ne possèdent aucun pouvoir, puisqu'ils ne secourent pas « ceux qui les servent. C'est toi que j'invoque maintenant, et « c'est en toi que je veux croire. Que j'échappe seulement à « mes ennemis ! » Comme il disait cela, les Allemands tournè- rent le dos et commencèrent à prendre la fuite ; puis, voyant que leur roi était mort, ils se soumirent à la domination de Clovis, en disant : « Cesse, de grâce, de tuer notre peuple ! « Nous sommes à toi ». Il arrêta le carnage, et il revint ayant, de l'avis de ses hommes, fait la paix ; et il raconta à la reine comment, en invoquant le nom du Christ, il avait obtenu la victoire (496). »

Outre la soumission des Allemands, la conséquence de l'im- portante journée de Tolbiac fut encore celle des Bavarois, autre peuplade germaine qui accepta sur-le-champ la suzerai- neté du vainqueur.

Il est juste de reconnaître que Clovis mit aussitôt son vœu à exécution. D'ailleurs, depuis quinze années qu'il régnait, il avait eu le temps de méditer les avantages matériels de sa conversion.

« La reine, poursuit Grégoire de Tours, fait alors appeler en secret saint Remi, le priant de faire pénétrer dans le cœur du roi la parole du salut. Le pontife fit venir celui-ci auprès de lui, commença de l'engager secrètement à croire au vrai Dieu, auteur du ciel et de la terre, et à renoncer aux idoles, qui ne peuvent être d'aucun secours ni à elles-mêmes ni aux autres. Clovis lui dit : « Je t'écouterai volontiers, très saint père ; mais « il reste une chose : c'est que le peuple qui me suit ne « souffre point qu'on abandonne ses dieux. Toutefois, je vais « lui parler d'après tes paroles. » Il vint donc au milieu des siens ; mais, avant qu'il eût parlé, tout le peuple, par l'intervention de la puissance divine, s'écria d'une seule voix : « Pieux roi, nous rejetons les dieux mortels, et « nous sommes prêts à servir le Dieu dont Remi prêche l'im- « mortalité ! » On l'annonce à l'évêque, qui, transporté d'une grande joie, donna l'ordre de préparer les fonts sacrés. On marche dans les rues à l'ombre de toiles peintes, les églises sont ornées de tentures blanches, on dispose le baptistère, on répand des parfums, des cierges odoriférants étincellent, tout le temple du baptistère se remplit d'une odeur divine ; et Dieu accorda une telle grâce aux assistants qu'ils se crurent trans- portés au milieu des parfums du paradis. Le roi demanda le premier le baptême au pontife. Nouveau Constantin, il s'avance vers le bain qui doit guérir en lui la vieille lèpre et laver dans une eau nouvelle les taches qui souillaient sa vie passée. Comme il était entré pour recevoir le baptême, le saint évêque lui dit de sa bouche éloquente : « Fléchis le cou, Sicambre « adouci ; adore ce que tu brûlais, brûle ce que tu adorais »..... Le roi, ayant confessé le Dieu tout-puissant dans la Trinité, fut baptisé au nom du Père et du Fils et du Saint-Esprit, puis fut oint du saint chrême avec le signe de la croix. Plus de trois mille hommes de son armée furent également baptisés, de même que sa sœur Alboflède, qui, peu de temps après, s'en alla vers le Seigneur... Une autre sœur de Clovis, nommée

Lanthechilde, qui était tombée dans l'hérésie des Ariens, se convertit aussi, confessa le Fils et le Saint-Esprit comme égaux au Père, et reçut le saint chrême ».

Clovis étant devenu chrétien, ou plutôt catholique, les villes d'entre Seine et Loire s'ouvrirent aux Franks, et il n'y eut plus alors dans toute la Gaule indépendante que les Bretons de l'Armorique qui ne le reconnurent pas pour roi.

A partir de ce jour, l'Église mit également sa confiance en lui. Le pape et les évêques le proclamèrent même « Fils aîné de l'Église », titre que les rois de France ont toujours continué de porter après les rois des Franks. Les Gaulois, de leur côté, le voyant devenu si fort, conspirèrent de toutes parts en sa faveur ; ce qui fit que Clovis espéra dès lors parvenir à la possession de la Gaule entière.

Il attaqua d'abord les Burgondes, les battit, puis les força, pour obtenir la paix, d'accepter son alliance et de lui payer un tribut annuel. Il résolut ensuite d'écraser les Wisigoths, sachant bien que, s'il réusissait à vaincre ce peuple, il serait le maître partout.

C'est au mois de mars de l'année 507 que Clovis conçut cette dernière expédition. Il rassembla ses guerriers dans Paris et leur dit : « Je supporte avec grand'peine que ces Ariens « occupent une partie des Gaules ; marchons avec l'aide de « Dieu et, après les avoir vaincus, réduisons le pays en « notre pouvoir ». Tous ayant approuvé ce discours, il mit son armée en mouvement et se dirigea sur Poitiers, résidence d'Alaric. Il semble que le roi des Franks ait été dirigé dans cette guerre par l'évêque de Reims, Remi. Nous possédons, en effet, deux lettres dans l'une desquelles le prélat lui donne des instructions précises sur ce qu'il devait faire ou éviter ; dans la seconde, Clovis rend compte avec déférence à Remi de la manière dont il a rempli ses vues. Dans tous les cas, le succès fut complet.

D'heureux présages précédèrent la bataille. « Clovis, note encore Grégoire de Tours, arrivé avec son armée sur les bords de la Vienne, ne savait en quel endroit il devait traverser ce fleuve, que l'abondance des pluies avait enflé. Mais, pendant la nuit, il pria le Seigneur de daigner lui indiquer un gué par où il pût passer ; et, au lever du jour, une biche d'une grandeur extraordinaire, conduite par l'ordre de Dieu, entra sous les yeux de l'armée dans le fleuve et, passant à gué, fit connaître au peuple par où l'on devait passer. Le roi, arrivant à Poitiers, était encore au loin dans sa tente lorsqu'il aperçut un feu qui, sorti de la basilique de Saint-Hilaire, lui sembla arriver sur lui, comme si, aidé de la lumière du bienheureux Confesseur, il devait triompher plus facilement des armées hérétiques contre lesquelles ce prêtre avait souvent combattu pour la Foi. » Clovis, reconnaissant, interdit à ses troupes toute violence et tout pillage dans la région.

L'armée wisigothe était postée dans un camp retranché des environs. Leur roi Alaric attendait le secours de leurs frères d'origine, les Ostrogoths, arrivés récemment d'Orient en Italie ; mais, quand les Wisigoths virent les Franks envahir et ravager au loin leurs domaines, ils n'eurent pas la patience d'attendre leurs auxiliaires et forcèrent Alaric de les mener à l'ennemi.

« Le Poitou, dit Michelet (1), est la bataille du Midi et du Nord. C'est près de Poitiers que Clovis a défait les Goths, que Charles Martel a repoussé les Sarrasins, que l'armée anglo-gasconne du prince Noir a pris le roi Jean. Mêlé de droit romain et de droit coutumier, donnant ses légistes au Nord, ses troubadours au Midi, le Poitou est lui-même, comme sa Mélusine, assemblage de natures diverses, moitié femme et moitié serpent. C'est dans le pays du mélange, dans le pays des mulets et des vipères, — Poitiers en envoyait autrefois jusqu'à Venise, — que ce mythe étrange a dû naître. Dans les marches alors sauvages, entre le pays de Merlin et le pays de Mélusine, sur les landes à perte de vue qui témoignent des vieilles guerres et d'éternels ravages, le Diable aussi était chez lui. Quelque attrait qu'eussent pour lui les âpres fourrés de la Lorraine, les noires

____

(1) MICHELET, *Notre France*, p. 62, 63.

sapinières du Jura, ses préférences étaient peut-être pour nos marches de l'Ouest.

« Ce génie mixte et contradictoire a empêché le Poitou de rien achever : il a tout commencé. Et d'abord la vieille ville romaine de Poitiers, aujourd'hui si solitaire, fut, avec Arles et Lyon, la première école chrétienne des Gaules. Saint Hilaire a partagé les combats d'Athanase pour la divinité de Jésus-Christ. Poitiers fut pour nous, sous quelques rapports, le berceau de la Monarchie aussi bien que du Christianisme.

« Ces vastes arènes, dont la voûte d'entrée est une gueule énorme plus grande qu'aucune du Colysée, ces vieilles églises romanes, leurs cryptes ténébreuses, à la fois tombe et berceau, pourraient en dire long sur ce passé. C'est de la cathédrale de Poitiers que brilla, pendant la nuit, le feu qui guida Clovis contre les Goths. Le roi de France était abbé de Saint-Hilaire de Poitiers, comme de Saint-Martin de Tours. Toutefois cette dernière église, moins lettrée, mais mieux située, plus populaire, plus féconde en miracles, prévalut sur sa sœur aînée. »

Les armées en vinrent aux mains dans la plaine de Vouglé, à dix milles de la ville. Les Goths se battirent à coups de traits, et les Franks attaquèrent l'épée à la main. L'ennemi fut enfoncé du premier choc. Clovis venait de tuer de sa propre main le roi Alaric quand deux soldats goths, arrivant tout à coup sur lui, le frappèrent de leurs piques de deux côtés à la fois ; mais il échappa à la mort grâce à sa cuirasse et à la légèreté de son cheval. La déroute suivit immédiatement. Un corps très nombreux d'Arvernes, qui était accouru au secours des Goths sous la conduite du fils de Sidoine Apollinaire, y périt en entier. Amalaric, fils d'Alaric, s'enfuit en Espagne. Clovis envoya son fils Théodoric en Auvergne, par les territoires d'Albi et de Rodez ; celui-ci soumit à la domination de son père tous ces pays, depuis la frontière des Pyrénées jusqu'au territoire des Burgundes. Après avoir passé l'hiver à Bordeaux et enlevé de Toulouse tous les trésors d'Alaric, Clovis vint enfin à Angoulême, qu'il soumit également. Il ne restait plus aux Wisigoths dans la Gaule que le pays voisin de la mer. L'unité

BATAILLE DE MÉRI-SUR-SEINE (page 67.)

du royaume des Franks était faite. Clovis voulut encore, toutefois, arracher aux vaincus leurs dernières places maritimes, et il envoya à cet effet un corps de troupes assiéger Arles de concert avec ses alliés Burgundes ; mais les Ostrogoths, qui venaient enfin d'arriver d'Italie, firent lever le siège de cette ville. Les Goths conservèrent ainsi les côtes de la mer depuis les Alpes jusqu'à Narbonne et les Cévennes. Pour célébrer dignement ses nouvelles conquêtes, Clovis fit une entrée triomphale à Tours, où il offrit de nombreux présents à la basilique de Saint-Martin.

« Bien autrement historique, dit encore Michelet (1), est la bonne ville de Tours et son tombeau de saint Martin, le vieil asile, le vieil oracle, le Delphes de la France, que les rois Mérovingiens consultaient à chaque instant sur leurs affaires et sur leurs crimes ; grand et lucratif pèlerinage pour lequel les comtes de Blois et d'Anjou ont rompu tant de lances.

« Le Mans, Angers, toute la Bretagne dépendaient de l'archevêché de Tours ; ses chanoines, c'étaient les Capets, et les ducs de Bourgogne, de Bretagne, et le comte de Flandre, et le patriarche de Jérusalem, les archevêques de Mayence, de Cologne, de Compostelle. Là on battait monnaie, comme à Paris ; là on fabriqua de bonne heure la soie, les tissus précieux et aussi, s'il faut le dire, ces confitures, ces rillettes qui ont rendu Tours et Reims également célèbres ; villes de prêtres et de sensualité. »

Clovis reçut à Tours de nouveaux honneurs, auxquels il s'attendait sans doute, mais qu'il accepta avec son habituelle finesse d'esprit. « Clovis, raconte notre chroniqueur ordinaire (2), reçut par lettres de l'empereur Anastase le titre de Consul, et revêtu, dans la basilique de Saint-Martin, de la tunique de pourpre et de la chlamyde, il posa la couronne sur sa tête ; puis, montant à cheval, il distribua de sa propre main et avec une grande bonté de l'or et de l'argent au peuple qui

<hr>

(1) MICHELET, *loc. cit.*, p. 57.
2) GRÉGOIRE DE TOURS, *loc. cit.*, II, 38.

se trouva sur son chemin, entre la porte de la cour de la basilique de Saint-Martin et l'église de la ville. Depuis ce jour, on
ne le nomma plus qu'en employant les mêmes termes dont on
nomme le Consul ou l'Auguste. » Par ce titre d'origine latine,
Clovis se trouvait officiellement reconnu comme le successeur
légitime des anciens Empereurs en Gaule. C'était encore le
Clergé qui lui avait valu cette faveur.

Clovis vint alors à Paris, où il fixa le siège de son royaume.
Ayant conclu la paix avec les Goths, il ne fit plus la guerre
qu'à sa propre famille. Jusque-là, en effet, Clovis n'était que
le roi de sa propre tribu et le généralissime de tous les autres
Franks. Et comme toutes les autres tribus de sa race avaient
gardé chacune leur roi et que ces rois appartenaient tous
comme lui à la famille des Mérowigs, il résolut de se défaire
successivement de tous ses parents, afin de réunir en un seul
corps la nation entière des Franks.

Il commença par le roi des Ripuaires, Sigebert, qui régnait
à Cologne et le plus puissant chef Frank après lui. Clovis
envoya dire secrètement au fils de Sigebert : « Voilà que ton
« père est devenu vieux, et il boite de son pied malade ; s'il
« mourait, son royaume te reviendrait de droit avec notre
« amitié. » Le fils assassina son père. Clovis lui fit dire encore :
« Je rends grâce à ta bonne volonté, et je te prie de montrer
« à mes envoyés les trésors, dont tu conserveras ensuite
« l'entière possession. » Comme le nouveau roi, pour obéir à
cet ordre, montrait aux messagers de Clovis le coffre où le
malheureux Sigebert renfermait son or : « Plonge ta main
« jusqu'au fond, dit l'un d'eux, pour que rien ne t'échappe. »
Le prince l'ayant fait, cet homme lui enfonça sa hache dans
le crâne. Débarrassé ainsi de ses deux concurrents, Clovis se
proposa pour roi aux Ripuaires, qui l'acclamèrent à Cologne
en l'élevant sur un bouclier.

Ce fut ensuite le tour de Chararic, roi de Thérouanne. Il lui
fit raser les cheveux, ainsi qu'à son fils, en signe de déchéance,
ordonnant de plus que Chararic fût ordonné prêtre et son fils
diacre. Comme le père se plaignait de son humiliation et pleu-

rait, son fils lui dit : « Les branches ont été coupées sur un
« arbre vert et ne sont pas entièrement desséchées ; bientôt
« elles repousseront et grandiront de nouveau. Plût à Dieu
« qu'il meure aussi vite celui qui a fait cela ! » Clovis, informé
de cette menace, leur fit trancher la tête à tous deux ; après
quoi il s'empara de leur royaume, de leurs trésors et de leurs
sujets.

Il suborna ensuite les leudes de Ragnachaire, roi de Cambrai, en les achetant avec des bracelets et des baudriers de
cuivre doré imitant l'or. Ceux-ci lui livrèrent leur roi, auquel
Clovis fendit la tête d'un coup de hache. Il fit subir le même
sort à son frère Riquier, qui pouvait devenir un compétiteur.
Ce double assassinat consommé, ceux qui avaient trahi
s'aperçurent que l'or qu'ils avaient reçu de Clovis était faux.
Comme ils se plaignaient, celui-ci leur répliqua : « Il est juste
« qu'il reçoive de l'or pareil celui qui, de sa propre volonté,
« entraîne son maître à la mort », ajoutant qu'ils devaient se
contenter d'être en vie et prendre garde d'expier dans les
tourments leur trahison. Ils se le tinrent pour dit, et ne récla-
mèrent plus rien. Clovis fit encore tuer Rignomer, qui régnait
au Mans, et, finalement, tous ceux qui lui portaient ombrage :
il réussit ainsi à régner seul. On rapporte, cependant, qu'il dit
un jour aux siens, qu'il avait rassemblés dans son palais :
« Malheur à moi, qui suis resté comme un voyageur parmi les
« étrangers, et qui n'ai plus de parents qui puissent me
« secourir en quelque chose si l'adversité venait ! » Ce n'était
pas qu'il s'affligeât de leur mort, mais il parlait ainsi par ruse,
et pour découvrir s'il lui restait encore quelqu'un à suppri-
mer (1).

Tous ces forfaits furent accomplis dans la seule année 509.
Aucune raison d'État ne saurait excuser ni même atténuer de
pareils crimes. Pourtant, nous avons vu plus haut que l'évêque
Grégoire de Tours, le même que l'Église catholique a rangé
plus tard au nombre de ses saints, n'a pas hésité à en faire

(1) Grégoire de Tours, loc. cit., II, 42.

l'apologie ! Il est vrai que Clovis consacra une partie des dépouilles de ses parents à construire des églises et des monastères, croyant sans doute se rendre très agréable à Dieu en lui donnant une part du butin, comme à un allié. En réalité, son changement de religion n'avait point changé son cœur, et l'esprit de l'Évangile n'avait pas remplacé en lui l'esprit de la Barbarie. En s'alliant à l'Église catholique, les Franks devaient, au fond, rester longtemps encore ce qu'ils étaient, jusqu'à ce que, plus tard, les gens d'Église, à leur tour, participassent à l'ignorance et à la barbarie des Franks (1).

Après tant d'actions héroïques et de cruelles iniquités, Clovis mourut à Paris, le 27 novembre 511, âgé seulement de quarante-cinq ans. Les soldats le regrettèrent, et le Clergé le pleura ; c'était justice, car il avait fait tout à la fois la fortune de ses bandes et celle des prêtres, de ceux qui l'avaient aidé à vaincre et de ceux qui l'avaient fait vaincre.

Les Évêques et le Clergé gallo-romain du v° siècle méritaient-ils toute la reconnaissance que Clovis et ses successeurs leur témoignèrent ?

« C'est dans les monuments du siècle, déclare M. Guizot (2), c'est surtout dans Grégoire de Tours lui-même qu'il faut apprendre ce qu'était alors l'existence d'un évêque, quel éclat, quel pouvoir, mais aussi quels travaux et quels périls y étaient attachés. Tandis que la force avide et brutale errait incessamment sur le territoire, réduisant les pauvres à la servitude, les riches à la pauvreté, livrant toutes choses aux hasards d'une lutte toujours imminente, c'était dans quelques cités fameuses, près du tombeau de leurs saints, dans le sanctuaire de leurs églises que se réfugiaient les malheureux de toute condition, de toute origine, le Romain dépouillé de ses domaines, le Frank poursuivi par la colère d'un roi ou la vengeance d'un ennemi, des bandes de laboureurs fuyant devant des bandes de Barbares, toute une population qui n'avait plus ni lois à ré-

(1) H. MARTIN, *loc. cit.*, t. I, ch VIII, p. 62.
(2) GUIZOT, *Notice préliminaire à la Traduction de Grégoire de Tours*, 1823.

clamer ni magistrats à invoquer, qui ne trouvait nulle part, pour son repos et sa vie, sûreté ni protection. Dans les églises seulement quelque ombre de droit subsistait encore, et la force se sentait saisie de quelque respect. Les évêques n'avaient, pour défendre cet unique asile des faibles, que l'autorité de leur mission, de leur langage, de leurs censures ; il fallait qu'au seul nom de la Foi ils réprimassent des vainqueurs féroces ou rendissent quelque énergie à de misérables vaincus. Chaque jour, ils éprouvaient l'insuffisance de ces moyens : leur richesse excitait l'envie, leur résistance le courroux ; de fréquentes attaques, de grossiers outrages venaient les menacer ou les interrompre dans les cérémonies saintes ; le sang coulait dans les églises, souvent celui de leurs prêtres, même le leur. Enfin, ils exerçaient la seule magistrature morale qui demeurât debout au milieu de la Société bouleversée, magistrature, à coup sûr, la plus périlleuse qui fut jamais. »

Nous acceptons cet éloge pour exact au temps précis dont nous venons de retracer le tableau, bien que la querelle religieuse entre Ariens et Catholiques nous paraisse enlever aux évêques quelques-uns des mérites de vertu chrétienne dont les pare l'éloquent historien. Mais nous devons constater que cette extraordinaire perfection disparut bientôt avec leur nouvelle fortune. Grégoire de Tours lui-même, dans sa Chronique, n'accuse-t-il pas un certain nombre d'entre eux de vices fâcheux, dont l'ivrognerie et l'usure furent les moindres ?

Dans tous les cas, eux, leurs prêtres et leurs moines bénéficièrent des services rendus, et leur situation dans l'État commença alors ce long privilège séculaire que, depuis, ils n'ont pas perdu. Ils sont revêtus du titre d' « Apostolique » et de « Pape » ; ils servent de médiateurs entre les rois, font fonction d'ambassadeurs et de juges, conservent leur bien propre distinct du bien de l'Église, ne peuvent être condamnés sur le témoignage de « témoins inférieurs », bref réunissent à leurs dignités ecclésiastiques tous les hauts emplois et tous les avantages matériels de la vie civile. S'ils ont contracté mariage avant d'entrer dans les ordres, ils transmettent de plein droit

leur héritage à leurs fils ou petits-fils : même, s'il leur est interdit par les canons de garder auprès d'eux leurs épouses
légitimes après leur élévation à l'épiscopat, il ne paraît pas que
cette prohibition, de simple décence extérieure, ait toujours
été rigoureusement maintenue. La seule restriction gênante à
leur liberté personnelle consiste à garder dans leur chambre
officielle les lits de leurs clercs, afin qu'ils aient sans cesse
auprès d'eux des témoins de leur vie. C'est là, somme toute,
une condition légale des plus acceptables. Leurs prêtres, ainsi
que leurs moines, conservent également la disposition de leurs
biens propres ; et, quant à ces derniers, il y a longtemps déjà
que la législation édictée contre eux par l'empereur arien Valens, les contraignant à entrer dans la milice, a été abrogée. Le
Clergé et l'Épiscopat peuvent, dorénavant, compter parmi les
plus heureux de la terre.

III

Les successeurs de Clovis et la division du Royaume Frank. — Guerres civiles. — Lutte de Frédégonde et de Brunehaut. — Dagobert rétablit définitivement l'unité du pouvoir national.

Après la mort de Clovis, son royaume fut partagé entre ses quatre fils, aux termes de la *Loi Salique*. Cette loi, toute de tradition orale, ne réglait, il est vrai, que le partage des propriétés et ne disait rien de la succession au trône et au commandement ; mais on l'appliquait aux femmes, par voie de conséquence, pour ce qui concernait la royauté. En effet, chez les Franks Saliens, la royauté suivait le sort de la propriété, elle en était comme une dépendance ; et l'on sait que chez les Franks, comme chez les Gaulois et les Germains, la possession de la terre ne pouvait appartenir qu'aux guerriers.

Les quatre nouveaux rois résidèrent tous au nord de la Loire : Théodoric (ou Thierry) à Reims, Clotaire à Cambrai et à Tournai, Childebert à Paris, Clodomir à Orléans. Les Franks ne s'étaient point établis, à proprement parler, au midi du fleuve ; ils n'y avaient laissé que quelques garnisons pour maintenir le pays sous leur empire. Ce ne furent point là quatre royaumes avec des territoires bien dessinés et des frontières bien marquées comme nous l'entendrions aujourd'hui, mais plutôt quatre grands domaines enchevêtrés les uns dans les autres au levant et au couchant, au nord et au midi. La nation, toutefois, ne retomba pas à l'état de tribus isolées comme au-

CONSÉCRATION POPULAIRE D'UN ROI MÉROVINGIEN

paravant ; elle se divisa seulement en deux groupes rivaux, les Saliens ou Neustriens à l'ouest, les Ripuaires ou Austrasiens à l'est ; mais elle demeura une contre les nations étrangères.

Ce fut la reine Clotilde qui ranima la guerre. Cette princesse, dont l'Église Catholique a fait une sainte, ne pratiquait guère le pardon des injures ; elle n'avait pu oublier que jadis Gondebaud, le roi des Burgundes, avait fait mourir son père et sa mère. Sa haine s'était reportée sur ses deux fils, Sigismond et Godomar, qui lui avaient succédé. Elle résolut d'armer les quatre rois franks pour le service de sa vengeance. Voici comment Grégoire de Tours raconte ce fait, et ce qui s'ensuivit :

« La reine Clotilde, s'adressant à Clodomir et à ses autres fils, leur dit : « Que je n'aie point à me repentir, très chers, de « vous avoir nourris avec tendresse ; que votre indignation, « je vous prie, ressente mon injure, et mettez un zèle ardent à « venger la mort de mon père et de ma mère ». Eux, ayant entendu ces paroles, se dirigent vers la Bourgogne et marchent contre Sigismond et son frère Godomar (523). L'armée de ceux-ci fut vaincue, et Godomar prit la fuite. Pour Sigismond, pendant qu'il cherchait à se réfugier auprès des saints d'Agaune, il fut pris par Clodomir, qui l'amena, lui, sa femme et ses fils, dans la cité d'Orléans, où il les fit enfermer et les retint captifs. Les rois Franks s'étant éloignés, Godomar concentre ses forces, réunit les Burgundes et ressaisit son royaume. Alors Clodomir, se disposant à marcher de nouveau contre lui, résolut de faire mourir Sigismond. Le bienheureux Avitus, abbé de Saint-Mesmin de Mici, prêtre de grand renom à cette époque, lui dit : « Si, tournant tes regards vers Dieu, « tu changes de dessein, et si tu ne souffres pas qu'on tue ces « gens-là, Dieu sera avec toi, et tu marcheras à la victoire ; « mais, si tu les tues, tu seras livré toi-même aux mains de « tes ennemis, et tu périras par le même sort. Il sera fait de « toi, de ta femme et de tes fils comme tu feras de Sigismond, « de sa femme et de ses enfants ». Mais celui-ci, dédaignant

d'écouter cet avis, lui répondit : « Il est insensé, je pense,
« de laisser des ennemis chez moi quand je marche contre les
« autres ; ayant ceux-ci à dos pendant que l'autre m'attaquera
« de front, je me trouverai précipité entre les efforts des deux
« armées. La victoire sera plus complète et plus facile si je
« sépare l'un de l'autre. Celui-ci une fois mort, il sera aisé de
« donner aussi la mort à l'autre ». Et aussitôt, ayant tué Sigismond avec sa femme et ses fils à Coulmiers, bourg du territoire d'Orléans, il les fit jeter dans un puits et gagna la Bourgogne, appelant le roi Théodoric à son aide. Celui-ci, qui avait
épousé la fille de Sigismond, renonça au droit de venger la
mort de son beau-père et promit d'aller. Après s'être joints à
Vézéronce, lieu du territoire de la cité de Vienne, tous deux
livrèrent bataille à Godomar. Celui-ci avait déjà tourné le dos
avec son armée et Clodomir, qui le poursuivait, n'était pas
très éloigné des siens lorsque les Burgundes, imitant son cri
de guerre, l'appelèrent en lui disant : « Par ici ! par ici ! tourne-
toi, nous sommes des tiens ! » Il les crut, se détourna et
tomba au milieu de ses ennemis, qui lui coupèrent la tête, la
fixèrent au bout d'une pique et l'élevèrent en l'air (524). A cet
aspect, les Franks, voyant que Clodomir a été tué, rallient leurs
forces, donnent la chasse à Godomar, écrasent les Burgundes
et soumettent tout le pays à leur pouvoir. Clotaire prit aussitôt
en mariage Gontheuque, femme de Clodomir son frère, et la
reine-mère Clotilde, après les jours de deuil, prit et garda les
fils de celui-ci, nommés l'un Théodovald, le second Gunthaire
et le troisième Clodovald. Quant à Godomar, il rentra de nouveau en possession de son royaume ».

Le crime de Clotilde ne devait pas, toutefois, profiter à la
vieille reine. Voici, en effet, de quelle terrible façon elle en
fut punie (526-528) :

« Comme la reine Clotilde séjournait à Paris, continue notre
chroniqueur, Childebert, voyant que sa mère avait porté toute
son affection sur les fils de Clodomir, entraîné par l'envie et
craignant que, par la faveur de cette reine, ils n'eussent part
au royaume, envoya dire secrètement à son frère le roi Clo-

taire : « Notre mère retient près d'elle les fils de notre frère et
« veut leur donner son royaume. Il faut que tu viennes vite à
« Paris et que nous tenions conseil ensemble pour délibérer
« sur ce que nous devons faire d'eux : savoir si on leur coupera
« les cheveux, pour qu'ils soient comme le reste du peuple,
« ou s'il ne faudra pas plutôt les tuer et partager également
« entre nous le royaume de notre frère ? » Tout joyeux de ces
paroles, celui-ci vint à Paris. Childebert avait répandu dans
le peuple l'idée que les deux rois se réunissaient afin d'élever
au trône ces jeunes enfants. Mais, quand ils furent réunis, ils
firent dire à la reine, qui habitait alors la ville même : « En-
« voie-nous les enfants, pour qu'ils soient élevés au trône. »
Elle, remplie de joie et ignorant leur artifice, fit manger et
boire les enfants, puis les envoya en disant : « Il me semble
« que je n'ai pas perdu mon fils, si je vous vois régner à sa
« place. » Ceux-ci, étant allés, furent saisis aussitôt, séparés de
leurs serviteurs et de leurs gouverneurs, et on les garda tous,
d'un côté les serviteurs, de l'autre les enfants. Alors Childebert
et Clotaire envoyèrent à la reine Arcadius, sénateur de Clermont, avec des ciseaux et une épée nue. Quand il fut devant
elle, il les lui montra en disant : « Quelle est ta volonté,
« très glorieuse reine ? Tes fils, nos maîtres, demandent
« ce que tu penses qu'on doit faire de ces enfants, et si
« tu ordonnes qu'ils vivent les cheveux coupés ou qu'ils soient
« mis à mort ? » Celle-ci, atterrée du message et outrée de
colère, surtout en voyant l'épée nue et les ciseaux, répondit
sans réfléchir, dans l'amertume qui l'avait saisie, et sans savoir, dans sa douleur, ce qu'elle allait dire : « J'aime mieux,
« s'ils ne sont pas élevés au trône, les avoir morts que tondus ! »
Mais Arcadius, s'inquiétant peu de son désespoir et de ce
qu'elle pourrait décider ensuite en réfléchissant davantage,
revint promptement rapporter cela et dit aux deux rois : « La
« reine consent, achevez votre œuvre ; elle-même ordonne que
« vous accomplissiez votre dessein ». Aussitôt Clotaire, prenant
le plus âgé des enfants par le bras, le jette par terre et le tue
cruellement en lui enfonçant un couteau dans l'aisselle. Aux

cris de cet enfant, son frère se prosterne aux pieds de Childebert, et saisissant ses genoux, il lui disait avec larmes : « Secours-moi, mon excellent père, afin que je ne meure pas « comme mon frère ! » Alors Childebert, le visage couvert de pleurs, dit : « Je te prie, mon très doux frère, d'avoir la géné- « rosité de m'accorder sa vie ; je te donnerai pour lui tout ce « que tu voudras ; seulement, qu'il ne meure pas. » Clotaire lui répondit, plein de fureur : « Ou repousse-le loin de toi, ou « tu mourras certainement à sa place. C'est toi, continua-t-il, « qui es l'instigateur de cette affaire, et tu es si pressé de « manquer de foi ? » A ces mots, Childebert repoussa l'enfant et le jeta vers Clotaire, qui, le recevant, lui enfonça son couteau dans le côté, comme il avait fait à son frère, et le tua. Ils firent périr ensuite les esclaves avec les gouverneurs. Après qu'ils furent morts, Clotaire, étant monté à cheval, s'éloigna sans se troubler nullement du meurtre de ses neveux; pour Childebert, il se retira dans les faubourgs de la ville. La reine fit placer les pauvres petits corps dans un cercueil et les suivit, avec grand appareil de chants et un deuil immense, jusqu'à la basilique de Saint-Pierre (devenue depuis Sainte-Geneviève), où elle les fit enterrer ensemble. L'un était âgé de dix ans, l'autre de sept. Ils ne purent avoir le troisième, Clodovald, parce qu'il fut sauvé par des hommes courageux. Celui-ci, méprisant un royaume terrestre, se consacra au Seigneur, se coupa les cheveux de sa propre main et fut fait clerc ; il s'appliqua aux bonnes œuvres, et mourut prêtre. Les deux rois partagèrent par égales portions le royaume de Clodomir. »

Ce fut ainsi que la vengeance de Clotilde se retourna contre elle et contre ceux qu'elle chérissait. Elle passa le reste de ses jours dans la retraite, enrichissant de ses magnifiques dons églises et monastères, et mourut l'an 545. Elle ordonna qu'on l'inhumât auprès de ses petits-fils.

Le royaume des Burgundes ne subsista pas longtemps après l'assassinat des enfants de Clodomir; la conquête en fut reprise et achevée par les Franks de Clotaire et de Childebert en 534. Les Franks gagnèrent ainsi toute la région qui s'étend depuis Dijon et Autun jusqu'à la Durance. Les Burgundes n'évacuèrent pas, comme avaient fait les Wisigoths, le pays conquis, car il n'y avait pas de haine sérieuse entre eux et leurs vainqueurs ; ils demeurèrent sur leurs terres en qualité de vassaux, soumis au service militaire et au tribut, conservant leurs lois propres dans leurs rapports entre eux. Les sujets gaulois des Burgundes perdirent seuls à ce changement de maîtres, car la loi burgunde admettait l'égalité entre Germains et Gallo-Romains, ce que ne faisait pas la loi franke.

Vers cette époque, les Conciles, ou assemblées générales des évêques, devinrent annuels en Gaule. L'Église de Gaule faisait corps, moins les deux provinces gothiques du bas Languedoc et de Provence, comme faisait corps la nation des Franks. On voit que l'autonomie de l'Église Gallicane a précédé de beaucoup les prétentions à l'autorité spirituelle universelle émises, on sait dans quelles circonstances, par l'Église de Rome.

La fortune continuait à favoriser les Franks comme au temps de Clovis. Les Ostrogoths, qui avaient eu pendant quelque temps un règne prospère en Italie, étant attaqués par l'empereur d'Orient, qui s'efforçait de rétablir l'empire romain, cédèrent la Provence aux Franks, afin que ceux-ci ne se joignissent point à l'empereur. L'empereur de son côté, pour détourner les Franks de secourir les Ostrogoths ou de chercher eux-mêmes à conquérir l'Italie, comme l'avait fait quelque temps auparavant (539) Théodebert, fils du roi Thierry, reconnut à leurs rois l'entière souveraineté de la Gaule : c'est depuis cette époque que les rois franks battirent monnaie à leur image ; et les derniers vestiges de l'empire romain disparurent ainsi de la Gaule (541).

Les rois franks ne goûtèrent pas en repos cette prospérité. Les débauches et le faste dans lesquels ils vivaient n'avaient pas plus, jusqu'alors, amorti leur turbulence qu'adouci leurs cœurs. Toujours en mouvement, tantôt ils faisaient des irruptions en Italie ou en Espagne, tantôt ils se battaient entre eux. Chacun d'eux, se souvenant des exemples de son père Clovis, eût bien voulu se faire roi de tous les Franks ; mais le peuple frank, amoureux des guerres étrangères, se déplaisait dans ces guerres civiles et obligeait toujours ses rois à en revenir au partage, selon la Loi Salique.

Quant aux Gaulois, ils étaient toujours victimes des querelles des rois franks, et les villes qui prenaient parti pour l'un étaient pillées par l'autre. Et, dans ces troubles, ceux des grands de la Gaule qui avaient conservé leurs biens et leur importance, parce que leurs pères s'étaient ralliés à Clovis, suivaient les exemples des Franks, se montrant aussi violents et aussi désordonnés qu'eux. Les évêques eux-mêmes commençaient à être envahis par les mœurs barbares, parce que les rois ne respectaient plus toujours la liberté des élections épiscopales et imposaient parfois pour évêques aux diocèses des gens indignes qui avaient acheté leurs faveurs par des présents.

Il arriva cependant que, après bien des discordes, la royauté sur tous les Franks finit par retomber dans les mains d'un seul, — du plus turbulent, il est vrai, du plus cruel des fils de Clovis, — de Clotaire. Il avait tué les enfants de son frère Clodomir ; son second frère Théodoric avait laissé un fils et un petit-fils qui moururent jeunes tous les deux ; enfin, son troisième frère, Childebert mourut à son tour sans enfants mâles. Et alors Clotaire, resté seul, fut reconnu roi de tous les Franks et de leurs vassaux Germains (558).

Mais Clotaire ne jouit pas en paix de sa grande puissance. Celui de ses fils qu'il aimait le mieux, Chramn, qui s'était déjà révolté contre lui et qui avait été pardonné, se révolta de nouveau ; n'ayant pas réussi dans sa rébellion, il alla demander asile aux Bretons de l'Armorique qui, seuls en Gaule, ne reconnaissaient pas le pouvoir des rois Germains (1).

« Le roi Clotaire, furieux contre Chramn, raconte Grégoire de Tours, s'avança à sa rencontre en Bretagne avec une armée, et celui-ci ne craignit pas de marcher contre son père. Les deux armées se trouvèrent en présence, concentrées dans une

(1) H. Martin, *loc. cit.*

même plaine, et Chramn avec les Bretons commanda les troupes contre son père jusqu'à ce que la nuit tombante fit cesser le combat. Cette même nuit, Chonobre, comte des Bretons, dit à Chramn : « Je trouve injuste que tu sois forcé « de marcher contre ton père ; laisse-moi, cette nuit, fondre « sur lui et l'accabler avec toute son armée». Chramn, aveuglé, je le crois, par la puissance de Dieu, ne le permit point. Le matin venu, on met de chaque côté l'armée en mouvement, on se hâte l'un contre l'autre. Il marchait, le roi Clotaire, comme un nouveau David allant combattre son fils Absalon ; il pleurait et s'écriait : « Regarde, Seigneur, du haut du ciel « et juge ma cause, car je suis injustement outragé par mon « fils. Regarde, et juge avec équité ; et prononce le même « jugement que tu as prononcé entre Absalon et David, son « père.» Ils combattirent avec un succès égal, mais le comte des Bretons tourna le dos et, à l'instant, fut tué. Chramn, enfin, se prépara à fuir ; il avait sur la mer des vaisseaux tout prêts : mais, au moment où il voulait sauver sa femme et ses filles, il fut écrasé par l'armée de son père, saisi et enchaîné. On l'annonça au roi Clotaire, et il ordonna qu'il fût brûlé avec sa femme et ses filles. On les enferma dans la cabane d'un pauvre ; Chramn, étendu sur un banc, fut étranglé avec un mouchoir, puis on mit le feu à la cabane : et ainsi périt-il avec sa femme et ses filles (560). »

Le roi Clotaire traitait son propre sang comme il avait traité celui de son frère. Il y avait, alors, cinquante et une années qu'il régnait. Pris de remords, il se rendit à Tours pour visiter le tombeau de Saint-Martin et le supplier, avec de profonds gémissements, d'obtenir pour lui le pardon de ses fautes. « A son retour, comme il chassait dans la forêt de Compiègne, il fut saisi de la fièvre et ramené dans sa métairie de Braine ; et là, cruellement tourmenté par la fièvre, il disait : « Ah ! que « pensez-vous que soit ce roi du Ciel qui tue ainsi de si grands « rois ! » Et, plongé dans la douleur, il rendit l'esprit. Ses quatre fils, l'ayant fait transporter à Soissons en grand honneur, l'ensevelirent dans la basilique du bienheureux Médard. Or, il

mourut à un an d'intervalle, un jour après celui où Chramn
avait été tué ». Ses obsèques à peine terminées, peu s'en fallut
que ses quatre fils en vinssent aux mains. « Chilpéric, après
les funérailles de son père, s'empara des trésors qui étaient
amassés dans la ville de Braine, s'adressa aux Franks les plus capables et les soumit par des présents. Bientôt il entre dans Paris,
et prend possession de la demeure du roi Childebert ; mais il
ne lui fut pas donné de la garder longtemps, car ses frères,
s'étant réunis, l'en chassèrent : et tous quatre, c'est-à-dire Caribert, Gontran, Chilpéric et Sigebert, ils firent entre eux un
partage régulier. Le sort donna à Caribert le siège de Paris ;
à Gontran, celui d'Orléans ; à Chilpéric, celui de Soissons ; à Sigebert, celui de Reims. » Sauf ce dernier royaume, qui comprenait toute la région de l'Est avec les pays vassaux d'outre-
Rhin, les limites de ces divers partages légaux étaient très
irrégulièrement déterminées.

Quelques années se passèrent sans nouvelle querelle entre
les quatre rois. Caribert et Gontran se montraient assez paci-
fiques, chose jusqu'alors inconnue parmi les Franks ; quant à
Sigebert et à Chilpéric, ils étaient fort batailleurs, ne se res-
semblant toutefois en rien d'autre. Chilpéric était fourbe, cruel,
brutal et pédant à la fois : il fabriquait de mauvais vers latins,
voulait compléter l'alphabet et prétendait en remontrer sur
la théologie aux évêques. Caribert et Gontran avaient de commun avec lui une extrême incontinence, qui était devenue le
vice habituel des rois franks. Ils se mariaient et se démariaient
à leur fantaisie, ou prenaient à la fois plusieurs femmes, épousées selon la loi franke, sans compter les concubines, héritage
du vieux droit romain, bref ne tenaient aucun compte des
défenses de l'Église. Sigebert, qui était fier et de hautes pensées,
prit en dédain la vie scandaleuse que menaient ses frères, et,
voyant que Chilpéric venait d'épouser, après plusieurs autres
femmes, une servante nommée Frédégonde et qu'il se laissait
conduire par elle, il résolut de n'avoir qu'une seule femme et
de la choisir parmi les filles de roi (1).

(1) H. MARTIN, *loc. cit.*

« Il envoya une ambassade en Espagne, rapporte Grégoire
de Tours, et fit demander, avec de riches présents, Brunehaut,
fille du roi Athanagilde. C'était une jeune fille de manières
élégantes, d'un aspect gracieux, honnête et décente dans ses
mœurs, prudente dans ses avis et d'aimable conversation.
Son père l'accorda, et l'envoya au susdit roi avec de grands
trésors. Celui-ci, ayant rassemblé les seigneurs et préparé de
grands festins, la reçut pour épouse avec un plaisir et une joie
immenses. Elle était soumise à la croyance arienne ; mais, convertie par la prédication des évêques et les exhortations du roi
lui-même, elle crut et confessa la bienheureuse Trinité réunie
en un seul Dieu, reçut l'onction sainte et, devenue catholique,
persévéra dans la foi du Christ. »

Sigebert épousa Brunehaut en grande pompe dans sa ville
de Metz (566).

« Metz, dit Michelet (1), devenue la capitale du royaume
d'Austrasie, sous son évêque même était libre, comme Liège,
comme Lyon ; elle avait son échevin, ses Treize, ainsi que
Strasbourg. De l'orgueilleuse maison épiscopale de Metz sortira
la seconde race de nos rois. La tige de la dynastie Carlovin-
gienne fut l'évêque de Metz Arnulf. Elle commence en Pépin,
son petit-fils, et se continue en Charles-Martel et Charlemagne.

« Entre la grande Meuse et la petite, les trois villes ecclésiastiques, Metz, Toul et Verdun, placées en triangle, -for-
maient un terrain neutre, une île, un asile aux serfs fugitifs.
Les Juifs même, proscrits partout, étaient reçus dans Metz.....
Là aussi se forma, et dans les vallées de la Meuse et de la
Moselle, et dans les forêts des Vosges, une population vague
et flottante qui ne savait pas trop son origine, vivant sur le
commun, sur le noble et le prêtre, qui les prenaient tour à
tour à leur service. Metz était leur ville à tous ceux qui n'en
avaient pas, ville mixte s'il en fut jamais. On a essayé en vain
de rédiger en une coutume les coutumes contradictoires de
cette Babel. C'était, dès l'origine, un peuple agriculteur et

(1) Michelet, *Notre France*, p. 196 et 198.

commerçant, qui envoyait des blés à César dans la Gaule romaine du Midi. »

Chilpéric fut jaloux de voir son frère marié en plus haut lieu que lui, et il demanda l'autre fille du roi des Wisigoths, nommée Galsuinthe, en promettant de quitter ses autres femmes. « Le père, continue notre chroniqueur, acceptant de lui ces promesses, résolut de lui envoyer sa fille de la même manière que la précédente, avec de grandes richesses. Galsuinthe était plus âgée que Brunehaut. Lorsqu'elle arriva auprès du roi Chilpéric, elle fut reçue avec grand honneur et jointe à lui par le mariage. Il la chérissait même d'un vif amour, et elle lui avait en effet apporté avec elle de grands trésors. Mais l'amour de Frédégonde fit naître entre eux beaucoup de bruit. Déjà Galsuinthe avait été convertie à la foi catholique et avait reçu le chrême. Se plaignant au roi d'avoir à supporter de continuelles injures et disant qu'elle ne jouissait d'aucun honneur auprès de lui, elle lui demanda la permission de retourner librement dans son pays, en lui abandonnant les trésors qu'elle avait apportés avec elle. Celui-ci éluda la demande par d'ingénieux prétextes, l'adoucit par des paroles caressantes et, à la fin, la fit étrangler par un esclave. Il la trouva morte dans son lit....... Le roi, après avoir pleuré sa mort, reprit Frédégonde pour femme au bout de peu de jours. La chose ainsi faite, ses frères, imputant à ses ordres la mort de la reine, l'excluent du pouvoir. Chilpéric avait alors trois fils d'Andovère, sa première épouse : Théodebert, Mérovée et Clovis ».

Brunehaut demanda vengeance à son mari Sigebert contre le meurtrier de sa sœur, et Sigebert la demanda à tout le peuple des Franks. Les guerriers de Chilpéric, qui avaient juré fidélité à Galsuinthe, abandonnèrent son assassin, et Chilpéric fut jugé par l'assemblée générale du peuple frank. Brunehaut voulait la mort du coupable ; mais l'assemblée obligea cette princesse d'accepter le rachat du sang selon la Loi Salique. Ce rachat consista dans les cinq villes que Chilpéric avait données en présent de noces à Galsuinthe et qui passèrent à Brune-

haut. Chilpéric fut ensuite réintégré dans son royaume (568).
Ce royaume comprenait alors presque tous les pays de
l'Ouest, parce que le roi de Paris, Caribert, était mort et que
la partie occidentale de son royaume avait été donnée à Chilpéric ; quant à Paris lui-même, qu'aucun des trois rois survi-
vants ne voulait céder aux autres, il fut convenu qu'il resterait
indivis entre eux.

Chilpéric, poussé par Frédégonde, rompit le premier la paix
et attaqua Sigebert ; puis, se sentant le plus faible, il obtint
une nouvelle paix par l'entremise de Gontran. Toutefois, il ne
tarda pas à la violer de nouveau et à envahir, pour la seconde
fois, les terres de Sigebert. Celui-ci, justement furieux, manda
non seulement ses Franks orientaux, mais aussi tous ses vassaux païens de Germanie, se saisit de Paris et y installa Brunehaut, oubliant que ses deux frères et lui avaient juré, sur les
reliques de saint Martin de Tours, de considérer Paris comme
ville neutre. Chilpéric, abandonné encore par presque tous ses
guerriers, s'enfuit à Tournai. Il y attendait la mort, sans rien
tenter pour s'y soustraire, quand un événement imprévu le
sauva. « Alors, écrit Grégoire de Tours, ceux des Franks qui
autrefois avaient obéi à Childebert l'ancien envoyèrent une
ambassade à Sigebert, pour qu'il vînt les trouver et qu'abandonnant Chilpéric ils le constituassent roi sur eux. Sigebert, à
cette proposition, envoya des troupes assiéger son frère dans
la ville ci-dessus nommée, projetant de s'y rendre promptement lui-même. L'évêque saint Germain lui dit : « Si tu pars
« sans avoir l'intention de tuer ton frère, tu reviendras vivant
« et vainqueur ; mais si tu as un autre dessein, tu mourras !
« Car, ainsi a dit le Seigneur par la bouche de Salomon : La
« fosse que tu prépares pour ton frère, tu y tomberas. » Mais
celui-ci, par l'effet de ses péchés, ne l'écouta point. Arrivé à
un domaine de l'Artois nommé Vitri, toute l'armée se rassembla
autour de lui, et, l'ayant placé sur un bouclier, ils l'établirent
roi au-dessus d'eux. A ce moment deux esclaves, armés de forts
couteaux à lame empoisonnée, séduits par les maléfices de la
reine Frédégonde, s'approchent du roi, en feignant quelque autre

prétexte, et le frappent aux deux flancs à la fois. Sigebert pousse un cri, tombe ; et, peu après, il rendit l'esprit (575)..... Chilpéric, dans une situation périlleuse, était en suspens de savoir s'il échapperait ou s'il allait périr lorsque des messagers vinrent lui annoncer la mort de son frère. Alors il sortit de Tournai avec sa femme et ses fils, et ensevelit Sigebert dans ses vêtements royaux au bourg de Lambres, d'où, transporté plus tard à Soissons, dans la basilique de Saint-Médard qu'il avait construite lui-même, il fut enterré près de son père Clotaire ». A la nouvelle de ce trépas sanglant, une terreur soudaine dispersa les coalisés : les Franks orientaux et leurs vassaux Germains s'en retournèrent dans leur pays ; les Franks occidentaux revinrent à Chilpéric.

Le premier soin de celui-ci fut d'accourir à Paris, où il fit Brunehaut prisonnière. Il fût devenu le maître de toute la nation franke s'il eût pu tenir également dans ses mains l'héritier de Sigebert, Childebert, qui était un enfant de cinq ans ; mais un chef dévoué parvint à l'arracher à une mort imminente, en le cachant dans un sac et en le jetant par une fenêtre à un domestique, et s'enfuit avec lui à Metz. Là, les Austrasiens l'élevèrent sur un bouclier et le proclamèrent roi, contrairement à la coutume, puisqu'il n'était point en état de porter les armes ; mais c'était pour être maîtres sous son nom. Ils élurent entre eux, en effet, un *Maire du Palais,* sorte de premier ministre destiné à gouverner à la place du roi tant qu'il serait mineur et à contrôler son autorité après qu'il serait devenu majeur. Quant à Brunehaut, Chilpéric et Frédégonde, dans la joie qu'ils ressentaient de leur triomphe, se contentèrent de l'envoyer en exil à Rouen. Frédégonde, croyant n'avoir plus rien à redouter d'elle, la laissait vivre ; elle tournait désormais toute sa haine jalouse contre les fils que son mari avait eus d'Andovère, avant son mariage avec Galsuinthe. L'un d'eux, Mérovée, s'éprit tout à coup d'un grand amour pour Brunehaut et alla l'épouser à Rouen. Chilpéric accourut aussitôt dans cette ville, mais les nouveaux mariés se réfugièrent dans une église ; le roi, qui n'osa violer le droit d'asile dont jouissaient les édifices sacrés, jura solennellement de ne point les séparer. Ils sortirent alors de leur refuge, et Chilpéric ne leur fit aucun mal ; mais il emmena Mérovée avec lui. Bientôt même, poussé par Frédégonde, il viola sans scrupule son serment, car, tandis que, sur la demande du Maire du Palais d'Austrasie, il rendait la liberté à Brunehaut, il reléguait Mérovée au fond du monastère de Saint-Calais, dans le Maine, où on lui coupa les cheveux et où ensuite on l'ordonna prêtre. Mérovée, cependant, parvint à s'échapper et à rejoindre Brunehaut ; mais les grands d'Austrasie, qui haïssaient la reine parce qu'elle voulait relever l'autorité royale, chassèrent le malheureux prince de leur pays. Attiré dans un piège par les habitants de Thérouanne, secrètement d'accord avec le roi son père, il préféra se faire donner la mort par son fidèle serviteur Gailenus que de se laisser supplicier par le cruel Chilpéric. Beaucoup de gens, toutefois, affirmèrent que ce furent des émissaires de Frédégonde qui le firent périr (578), et cette autre version ne manque pas de vraisemblance. Ce fut ainsi que Brunehaut se trouva deux fois veuve ; l'hostilité qu'elle rencontrait chez les leudes austrasiens, exaspérés de ce qu'elle prétendait régner sous le nom de son fils, l'empêcha de venger ses deux maris.

Pendant ce temps, Chilpéric et Frédégonde se rendaient absolument impopulaires en Neustrie (1). Ils avaient rétabli les anciens impôts de l'empire romain et même en avaient ajouté d'autres plus onéreux, comme celui frappant chaque propriétaire pour sa terre d'une taxe annuelle d'une amphore de vin, ou vingt-six litres, par arpent. Chilpéric terminait chacune de ses ordonnances fiscales par cette injonction significative : « Si quelqu'un désobéit à nos commandements, « qu'on lui arrache les yeux ! » Le fardeau de ces impôts était devenu si onéreux que beaucoup de gens, abandonnant leurs biens, s'empressaient de quitter le royaume. Pour comble d'infortune, la Gaule fut alors désolée par toutes sortes de

____

(1) Depuis l'avènement de Chilpéric et de ses frères, les provinces frankes de l'Est avaient pris le nom d'*Austrasie*, celles du Nord et du Nord-Ouest celui de *Neustrie*.

calamités : débordements de fleuves, tremblements de terre, incendies, grêles terribles, disettes, enfin par une épidémie générale qui atteignit Chilpéric lui-même et les deux enfants qu'il avait eus de Frédégonde. Pour la première fois, cette femme eut peur, et, afin que le cri des peuples ne s'élevât plus vers le Ciel contre elle et les siens, elle fit jeter au feu par le roi les registres des impôts. Chilpéric guérit, mais les deux enfants moururent. La rage de Frédégonde ne connut plus, dès lors, de bornes. Un fils, Clovis, restait encore au roi de sa précédente union avec Andovère ; Frédégonde, s'imaginant que ce jeune homme avait fait périr ses enfants par sortilège, fit égorger ce dernier fils de son mari (580), ainsi que sa mère, qui vivait retirée dans un monastère près du Mans.

Chilpéric eut, enfin, son tour après son père et après ses fils ; il trouva la fin qu'il avait cherchée. « Chilpéric, le Néron de notre temps et son Hérode, rapporte notre chroniqueur accoutumé, se rend à la métairie de Chelles, éloignée de Paris d'environ cent stades. Là, il se livre à la chasse. Mais un jour en revenant de chasser, comme il faisait déjà nuit un peu noire, au moment où on l'aidait à descendre de cheval et où il tenait une main appuyée sur l'épaule d'un serviteur, un homme s'approche, le frappe sous l'aiselle avec un couteau, puis d'un second coup lui perce le ventre ; et, le sang coulant aussitôt avec abondance par sa bouche et l'ouverture de la plaie, il exhala son âme méchante (584). Lorsqu'il eut rendu l'esprit, tous les siens l'abandonnèrent. » L'évêque de Senlis, qui se trouvait aux environs, le fit transporter à Paris et inhumer à Saint-Germain-des-Prés. On a attribué l'assassinat de ce prince à Frédégonde elle-même, qui, fort liée avec un leude nommé Landri, aurait fini par craindre la vengeance du roi : il est certain que son neveu Childebert, le fils de Brunehaut, l'accusa formellement de ce crime. Toutefois, il est juste de constater que le comte de l'étable Sunnigisil, qui s'avoua plus tard coupable de ce meurtre, ne chargea point Frédégonde, et que celle-ci, dès le début de l'enquête, l'avait attribué au chambrier Ebérulf, lequel paya de sa vie cette accusation, dont il ne put se disculper suffisamment. Chilpéric périt, évidemment, victime des ressentiments de quelques gens de son entourage.

A la nouvelle de l'attentat de Chelles, Frédégonde s'était réfugiée dans la cathédrale de Paris avec une partie de ses trésors et un dernier enfant qu'elle avait eu de Chilpéric, et qu'on nommait Clotaire. Les Austrasiens et les Burgundes marchèrent aussitôt sur Paris; mais Frédégonde se mit sous la protection du roi Gontran, ainsi que son fils. Gontran, simple et crédule, se laissa tromper par les artifices de cette femme; il s'empressa donc d'abandonner la cause de Childebert, refusa de livrer Frédégonde à son neveu et prit le gouvernement de la Neustrie, comme tuteur du petit Clotaire, qui fut alors proclamé roi par les Neustriens. Childebert et Brunehaut se virent ainsi contraints de différer encore une fois l'heure de leurs vengeances, et la paix continua momentanément.

L'année suivante fut tenu à Mâcon, sous les auspices du roi Gontran, grand ami du Clergé, dont son frère Chilpéric avait fort jalousé, au contraire, les privilèges et les richesses, un important concile national qui prescrivit l'observation obligatoire du dimanche, sous des peines corporelles contre les esclaves et les colons qui travailleraient ce jour-là, et qui enjoignit de payer dorénavant la dîme à l'Église, sous peine d'excommunication. Gontran confirma ces décisions ecclésiastiques. Les évêques travaillaient ainsi à substituer aux anciennes offrandes volontaires des fidèles la dîme obligatoire; mais cette dîme ne s'établit pas sans de longues résistances, et elle ne fut tout à fait fondée que deux siècles plus tard.

Comme Frédégonde continuait à commettre crimes sur crimes, Gontran se brouilla enfin avec elle et voulut, à son tour, la faire mettre en jugement; par provision, il l'exila à Rueil. Mais les grands de la Neustrie, parmi lesquels elle était parvenue à recouvrer son influence, refusèrent de la livrer à ce roi. Frédégonde n'oublia pas cette défection, et le roi des Burgundes fut dorénavant compris par elle dans le nombre de ses ennemis. Comme elle était fort habile et très active

dans le mal, elle avait beaucoup d'affidés et de complices en
Austrasie et en Bourgogne, même au dehors, chez quiconque
se déclarait l'adversaire du peuple Frank. Toujours entourée
d'assassins à ses gages, elle les expédiait partout où il impor-
tait à ses plans; elle savait les rendre fanatiques, et ils bra-
vaient la mort pour elle avec un dévouement aveugle et sans
bornes. Elle en envoya un grand nombre contre Brunehaut,
contre le jeune roi Childebert, contre Gontran; mais, comme
chacune de ces trois personnes se tenait sur ses gardes, ils ne
réussirent pas à les approcher. Frédégonde, fertile en ressources, ne désespérait jamais; elle excita, alors, les principaux des grands d'Austrasie à conspirer pour tuer leur roi :
mais le complot fut découvert, la révolte échoua, et Brunehaut
et Childebert firent mettre à mort les chefs du complot.

Le désordre et l'anarchie étaient partout chez les Franks, et
leur puissance commençait à déchoir. Ils furent battus par les
Wisigoths, en essayant de leur enlever la Province Narbonnaise; par les Bretons, qui leur enlevèrent Rennes et Nantes;
par les Basques et les Gascons, qui, descendus de leurs montagnes, envahirent le midi de l'Aquitaine (585-594).

C'est la première fois que les Gascons apparaissent dans
notre histoire, et ce ne sera pas la dernière. Ils se fixent
dans la Guyenne, qu'on appellera plus tard de leur nom Gascogne; ils renouvelleront en entier le sang, la race et l'esprit
de cette région, qui deviendra ainsi entièrement dissemblable
du Languedoc, cette autre portion, restée plus frustre, de
l'Aquitaine. C'est ce qu'a fort bien saisi Michelet. « La légèreté spirituelle de la Guyenne, écrit-il (1), n'a pas été assez
distinguée du fort et dur génie du Languedoc. Il y a, pourtant, entre ces deux pays, la même différence qu'entre les
Montagnards et les Girondins, entre Fabre et Barnave, entre
le vin fumeux de Lunel et le vin de Bordeaux. La conviction
est forte, intolérante en Languedoc, souvent atroce, et l'incré-
dulité aussi. La Guyenne, au contraire, a de bonne heure

____

(1) MICHELET, *Notre France*, p. 96.

affecté l'indifférence religieuse. Eudes, l'ancien duc d'Aquitaine et l'adversaire de Charles-Martel, donna sa fille à un émir sarrasin. Ce peuple mobile, spirituel, trop habile dans les choses de ce monde, est médiocrement occupé de celles de l'autre. » Il nous a paru utile de fixer ici la brève caractéristique de ce petit peuple, destiné à jouer plus tard un rôle prépondérant dans notre histoire.

Gontran, plus doux que les rois ses parents, et auquel on n'avait à reprocher simplement que deux ou trois meurtres, mais qui, par contre, n'avait pas su maintenir l'ordre dans son royaume, mourut en 593, et son jeune neveu Childebert, qu'il avait adopté pour fils, réunit à cette date la Bourgogne à l'Austrasie, avec Paris, que Gontran s'était approprié. Quand Frédégonde vit cette grande puissance réunie dans les mains de Brunehaut et de son fils, elle n'attendit pas d'être attaquée; elle attaqua. Montant à cheval comme un chef de guerre et tenant son petit Clotaire dans ses bras, elle entra, à la tête de l'armée neustrienne, sur les terres de sa rivale. Une grande armée d'Austrasiens, de Burgundes et de Franks d'outre-Rhin vint à sa rencontre ; mais Frédégonde la surprit au point du jour et la défit, avec un grand carnage, à Droisi, dans le Soissonnais. Childebert mourut peu après, laissant deux fils en bas âge, Théodebert et Théodoric, lesquels héritèrent, sous la tutelle de leur grand'mère (595), l'un de l'Austrasie et l'autre de la Bourgogne (1).

Frédégonde profita de la mort de Childebert pour s'emparer du royaume de Paris. Brunehaut marcha contre Frédégonde, et les deux reines des Franks se livrèrent bataille dans la haute plaine de Lafaux, entre Laon et Soissons. Brunehaut perdit la bataille.

Ces deux femmes constituent, à cette époque, la très réelle et très haute personnification de deux races rivales. L'une possédait autant d'habileté que l'autre, et toutes les deux, en réalité, se valaient au point de vue moral. Mais la haine que

(1) H. MARTIN, *loc. cit.*

le chroniqueur Grégoire de Tours portait à Frédégonde a fait
ressortir plus vivement les vices de celle-ci, tandis que,
comblé des bienfaits de la reine d'Austrasie, il a volontairement passé sous silence les ombres nombreuses qui eussent
fait tache au rayonnement de Brunehaut. N'oublions pas, toutefois, que si Frédégonde a vaincu, c'est uniquement parce
que les Neustriens, qui étaient les descendants des Franks
Saliens, compagnons du grand Clovis, ne voulaient pas être
soumis aux Austrasiens, descendants des Franks Ripuaires,
et qu'ils soutenaient tous pour cette cause cette criminelle
princesse, laquelle, d'ailleurs, leur permettait toute licence.
D'un autre côté, les Austrasiens et les Burgundes ne voulaient
point, pour la plupart, la victoire de Brunehaut, qui s'efforçait
de rétablir les lois et coutumes romaines, haïes de tous les
Germains. Le secret des faits est dans cette explication.

Frédégonde mourut en 598, peu de temps après sa victoire,
sans avoir porté la peine de ses forfaits, si nombreux que
nul n'en savait le compte. Pendant plus de trente ans, il
sembla que l'esprit du mal se fût incarné en elle. On l'inhuma
à Saint-Germain-des-Prés.

Brunehaut parut sur le point d'obtenir contre le fils de
Frédégonde la vengeance qu'elle n'avait pu tirer de Frédégonde elle-même. Elle poussa ses deux petits-fils à déclarer
la guerre au roi Clotaire, et dans une troisième bataille, livrée
à Dormeille, dans le pays de Sens, les Neustriens subirent enfin
à leur tour une sanglante défaite. Toutefois, malgré leur
aïeule, qui voulait la perte entière de Clotaire, les deux petits
rois d'Austrasie et de Bourgogne, à l'instigation de leurs
grands, accordèrent la paix au roi de Neustrie, mais en ne lui
laissant qu'un débris de royaume (600-602). Ils eurent encore
beau jeu peu après. Clotaire ayant brusquement rompu cette
paix, pour tâcher de rétablir ces affaires compromises, et ayant
été battu de nouveau, il allait être entièrement accablé lorsque
le roi d'Austrasie Théodebert, jeune homme sans volonté et
gouverné par ses leudes, se réconcilia tout à coup avec lui et
abandonna sa grand'mère et son frère.

La vieille reine tourna alors toute sa colère contre son petit-fils Théodebert, et elle entreprit de le renverser du trône pour réunir l'Austrasie à la Bourgogne dans les mains de son autre petit-fils Théodoric. Elle fit donc marcher l'armée burgunde contre l'Austrasie ; mais, au lieu de combattre, les grands de Bourgogne massacrèrent le chef que Brunehaut avait mis à leur tête, un Gaulois appelé Proctadius ; de leur côté, les petits propriétaires franks ou burgundes et la population gauloise ne défendirent pas cette princesse, qui avait rétabli dans le pays les impôts comme au temps des Romains. Cependant, lorsque les grands de la Bourgogne furent retournés chacun dans leur domaine, Brunehaut parvint encore à ressaisir le pouvoir et à se venger des principaux de ceux qui avaient tué Proctadius.

A partir de ce moment, il sembla qu'elle eût emprunté ses moyens de gouvernement aux pires procédés de son odieuse rivale Frédégonde. Elle avait trop vécu pour la renommée qu'on lui avait faite. Elle qu'on avait si longtemps considérée comme une femme de grand cœur et de noble vie, elle s'était à la fin pervertie comme les autres dans ce temps pervers. C'est ainsi qu'elle poussa le jeune roi de Bourgogne à vivre dans le désordre, de peur que, s'il prenait une femme légitime, l'influence de l'épouse ne l'emportât sur celle de l'aïeule. C'est encore ainsi qu'elle fit lapider un évêque qui exhortait le roi Théodoric à se marier ; qu'elle fit également chasser du royaume le fameux moine irlandais Colomban, qui était venu des îles de l'Ouest, comme un réformateur et un apôtre, pour relever l'Église de Gaule tombée en décadence. Colomban se retira en Neustrie et, de là, s'en alla prêcher l'Évangile aux Germains idolâtres, en annonçant que le royaume des Franks serait bientôt transféré tout entier au roi Clotaire. Le fils de l'impie Frédégonde se faisait, en effet, le protecteur des Voyants et des Saints, que persécutait maintenant Brunehaut, l'ancienne amie des évêques (610).

Le faible roi Théodebert, excité par les grands d'Austrasie, rompit à son tour la paix avec son frère, à la grande satisfaction de Brunehaut. Clotaire fit alliance contre lui avec Théodoric, moyennant la promesse d'une part dans sa dépouille. Les Austrasiens furent entièrement défaits dans deux batailles, à Toul et à Tolbiac ; Théodebert fut pris et mis à mort par ordre de Brunehaut, qui l'avait renié pour son petit-fils, ainsi que son fils en bas âge, dont Théodoric voulut également se débarrasser. Théodoric se retourna ensuite contre son allié Clotaire, pour lui reprendre la part qu'il avait eue dans la dépouille du roi d'Austrasie ; mais, tandis qu'il marchait vers la Neustrie, il mourut à Metz. Son armée se dispersa, ce qui permit à Clotaire de reprendre l'offensive et de marcher devant lui, sans que personne lui fît obstacle, jusqu'aux bords de la Saône. Les grands de Bourgogne se déclarèrent pour lui et lui livrèrent les petits enfants de Théodoric. Le vainqueur en fit égorger deux ; il laissa la vie au troisième, parce qu'il l'avait tenu sur les fonts du baptême, mais il ne lui laissa aucune part au royaume. La nation franke était, une fois de plus, réunie dans la même main.

L'heure était venue pour Brunehaut de payer, elle aussi, sa dette à l'implacable destinée qui semblait se complaire avec tant de persistance dans l'effusion violente du plus pur sang mérovingien. Elle s'était enfuie dans les montagnes du Jura ; mais elle fut arrêtée et amenée devant Clotaire à Rionne, en Franche-Comté. Clotaire lui reprocha la mort de dix princes des Franks, comme si elle eût dû répondre des actions de Frédégonde aussi bien que des siennes propres ! Puis, après l'avoir tourmentée pendant trois jours par divers supplices, il la fit attacher à la queue d'un cheval indompté, qui traîna longtemps à travers la campagne le corps horriblement déchiré de la vieille reine (613). Ainsi mourut misérablement cette grande reine, dont le nom avait été si glorieux et si respecté (1).

« Frédégonde, remarque à ce propos Henri Martin (2), dont la vie entière n'avait été qu'une suite de crimes, était morte en pleine victoire ; Brunehaut, coupable seulement dans les dernières années de sa longue vie, avait péri par une fin ef-

(1) H. Martin, loc. cit.
(2) H. Martin, ibid. t. I, c. ix, p. 75.

froyable. C'est que Frédégonde avait été, pour ainsi dire, le génie même de la Barbarie triomphante, tandis que Brunehaut s'était perdue en voulant restaurer le régime politique de la Civilisation romaine, qui ne pouvait plus renaître.

« La mémoire de Brunehaut resta détestée des Franks, et fort débattue, mais grande parmi les Gaulois, ennemis du rétablissement des impôts, mais favorables aux tentatives qu'avait faites Brunehaut pour rétablir l'ordre dans le pays. Dans le nord et dans l'est de la France, même dans les provinces où Brunehaut n'avait jamais régné, les anciennes routes romaines, que cette reine avait fait réparer partout où elle commandait, ne sont encore aujourd'hui connues du peuple que sous le nom de *Chaussées de Brunehaut*.

« L'unité de l'empire des Franks avait été rétablie en apparence au profit de Clotaire ; mais, en réalité, la chute de Brunehaut avait été la défaite de la Royauté au profit des grands, et, dans ce vaste royaume, il n'y avait plus guère qu'une ombre de roi.

« Les évêques, qui s'étaient unis aux grands contre Brunehaut, eurent leur part de la victoire. Dans une assemblée générale des grands et des évêques des trois royaumes franks à Paris, les évêques proclamèrent que les élections épiscopales se feraient désormais comme autrefois, librement et gratuitement par le clergé et par le peuple, et ils proclamèrent aussi que les gens d'Église ne pourraient être jugés par les juges laïques.

« Clotaire tâcha de sauver quelques restes du pouvoir royal, et, en sanctionnant les décisions des évêques, il maintint la nécessité de la confirmation du roi dans les élections épiscopales et le droit pour les juges royaux de participer au jugement des gens d'Église en cas de crime flagrant. Il sanctionna les peines portées contre les religieuses qui rompraient leurs vœux. La force publique se rendit ainsi garante des vœux religieux, ce qui commença une grande tyrannie.

« Clotaire consentit à l'abolition générale des impôts directs, rétablis par Brunehaut, en conservant les péages ou droits de

transit. Il promit que les juges royaux ou comtes, ce qui était alors
une même chose, seraient pris entre les propriétaires du canton où ils avaient à exercer la juridiction. Le plus grand propriétaire de chaque canton devint comte, ou, quand il y en
avait plusieurs égaux, ils s'entre-battirent à qui l'emporterait ;
et il y eut de la sorte, pour ainsi dire, autant de petits princes
qu'il y avait de cantons. »

En 622, les Austrasiens obligèrent Clotaire à leur donner
son fils Dagobert pour roi. Lorsque Clotaire mourut en 628, les
royaumes de Neustrie et de Bourgogne passèrent également
dans les mains de celui-ci.

Dagobert ne suivit pas les mêmes errements que son père ; il ne
céda point aux grands. Comme les grands n'avaient pas su s'entendre pour établir un gouvernement aristocratique, mais que
chacun d'eux s'était fait le maître et le tyran de son canton, le roi
recommença, comme Brunehaut, à combattre leur puissance,
et il réussit à gagner à son parti la population gauloise et les
petits propriétaires franks, ainsi que les gens d'Église. Les
grands ne purent lui résister. Dès lors, Dagobert parvint à
beaucoup de puissance ; en même temps, il inaugura une ère
nouvelle de splendeurs et de pompes. Ce fut un souverain véritablement magnifique, et tel que ses rustiques ancêtres en
eussent été émerveillés. Sa cour égalait en faste superbe celles
des plus illustres rois de l'Asie ; on n'y voyait que pierreries,
ceintures d'or et soies venues de la Chine, joyaux et ornements
exquis : les jours de fête, il siégeait sur un trône d'or forgé
par saint Eloi, qui fut un grand artiste en orfèvrerie avant de
devenir évêque de Noyon. Mais de pareilles dépenses coûtaient
gros, et il lui fallut bientôt accroître les ressources du Trésor.
Il en vint donc à dépouiller de leurs biens beaucoup de particuliers et, chose plus grave alors ! beaucoup d'églises, et aussi
à rétablir les impôts abolis sous son père. Ce changement d'at-
titude faillit entraîner pour lui des conséquences graves. Une
guerre s'éleva bientôt après en Germanie, entre l'empire des
Franks et une race dont le nom paraît pour la première fois
dans notre histoire, celle des Slaves, qui vivaient depuis

longtemps dans l'Europe orientale et qui, depuis longtemps
aussi dominés par divers peuples conquérants, avaient enfin
secoué le joug et avancé en Germanie pour y remplir les vides
laissés par tant de Germains passés successivement en Occident. Les Austrasiens, irrités contre le roi, se laissèrent battre
par les Slaves, et il fallut que ce prince, pour les décider à
mieux faire, consentît à leur donner pour roi son fils Sigebert,
alors âgé de trois ans (633). On voit que l'animosité entre
les deux branches frankes persistait. Dagobert, réconcilié
avec les Austrasiens grâce à cette concession, obligea les Basques
et les Bretons à reconnaître sa suprématie, et le roi des Bretons
vint en personne lui rendre hommage dans sa métairie royale
de Clichy, près Paris (1).

Dagobert, qui était pieux, fonda un grand nombre de monastères, entre autres l'abbaye de Saint-Denis, qui devait être
plus tard un centre religieux et national pour la France du
Moyen Age, comme l'avait été celle de Saint-Martin de Tours
pour la Gaule des rois franks. Il mourut en 638, n'ayant régné
que dix ans. Son nom est resté populaire..

« Avec lui, constate Henri Martin (2), finit la puissance des
Mérovingiens. La royauté mérovingienne après lui ne devait
plus être qu'un fantôme, et il est le dernier de sa race qui ait
laissé un nom dans l'histoire. »

(1) H. MARTIN, *loc. cit.*
(2) H. MARTIN, *loc. cit.*, p. 78.

IV

Mœurs et Coutumes des Franks

On a reproché vivement (1) à Grégoire de Tours l'hostilité
qui l'animait contre les Franks en sa qualité de Gallo-Romain
de vieille et noble souche. On lui a reproché surtout, plus récemment (2), d'avoir été un esprit prévenu, d'avoir vu les choses
pires qu'elles n'étaient, de n'avoir fait mention que du mal,
que des épisodes sanguinaires, d'avoir passé sous silence les
« travaux de la paix ». Les travaux de la paix ! A part les
assemblées ecclésiastiques et les érections d'églises, que ce
chroniqueur a mentionnées avec grand soin, il n'y avait pas
de travaux de la paix chez les Franks, et, principalement, il n'y
avait pas de paix. A chaque printemps, suivant leur usage séculaire, les Franks se mettaient en campagne soit pour porter
la guerre sur leurs frontières, soit pour se déchirer entre eux,
et, bien différents de ce qu'ils s'étaient montrés au commencement, sous Clovis, ils saccageaient tout sur leur passage et
emmenaient captifs les gens qu'ils n'avaient pas tués ; et cela non
pas seulement en pays ennemi, mais dans leurs propres provinces, pendant leurs marches, par simple goût de pillage ou
pour subsister. Les Gallo-Romains, foulés ainsi, cherchaient à
se venger, à s'indemniser aux dépens les uns des autres ; aux
luttes publiques se mêlaient les désordres du droit à la guerre
privée, et l'on ne connaît guère d'époque plus misérable que

(1) Dr C.-G. Knies, *De Gregorii Tur. episc. vita et scriptis.* Breslau, 1839.
(2) Lecoy de La Marche, *De l'autorité de Grégoire de Tours.* 1861.

celle dont Grégoire nous a conservé la description et dont nous
avons soigneusement relaté les plus significatifs épisodes. On
ne saurait le taxer d'exagération sur ce point, car ces tableaux
si circonstanciés sont en complet accord avec les autres documents contemporains. S'il est dur, souvent hostile, quelquefois
injuste, du moins il se montre toujours sincère. Lui-même s'est
appliqué le jugement de Salluste contre ceux qui critiquent les
historiens : « C'est une tâche ingrate d'écrire les actions des
hommes, parce que, d'abord, il faut nécessairement que les faits
descendent au niveau de notre langage, ensuite parce que la
plupart attribuent à la malveillance et à l'envie le récit des
fautes que vous blâmez ». Il corrige ainsi par sa réelle bonne
foi ce que la nature a mis en lui de passion et de faiblesse
humaines (1).

Au fond, les Franks valaient-ils mieux que la réputation que
Grégoire et les autres contemporains leur ont faite ? Non, et
les faits rapportés par nous le démontrent suffisamment.
Étaient-ils, du moins, un peuple digne des hautes destinées que
l'avenir leur réservait ? Oui, car ils se montraient de beaucoup
supérieurs aux autres Barbares. Un coup d'œil jeté sur leurs
mœurs et sur leurs coutumes prouve que, s'ils eurent de
nombreux défauts et de grands vices, ils possédèrent, dans
tous les cas, dès le début les qualités qui font les races fortes et
les nations puissantes.

Les Franks étaient divisés en trois classes : les *leudes*, ou
fidèles du roi ; les simples *hommes libres ;* les *colons* et les
ouvriers attachés soit à la terre, soit à des métiers qu'ils ne
pouvaient quitter. Ces derniers dépendaient tantôt du souverain,
tantôt d'autres maîtres, et ils ne faisaient point partie de
l'armée des Franks ; néanmoins, ils n'étaient pas esclaves, et
on ne les vendait pas.

Il y avait eu autrefois, dans les tribus germaniques ainsi que
dans les tribus gauloises, une noblesse indépendante ; mais
maintenant il n'y avait plus chez les Franks d'autres nobles

____

(1) H. Bordier, *De l'autorité de Grégoire de Tours*, loc. cit., p. 420-422.

que les leudes, c'est-à-dire les guerriers qui avaient juré
fidélité au roi et fait société avec lui et entre eux, à la manière des anciens compagnonnages militaires des Gaulois.
Ils continuaient à se considérer comme les compagnons de table
et les hôtes de la maison du roi, bien que la plupart fussent
devenus des gouverneurs de provinces ou de villes, ou de grands
seigneurs vivant sur leurs terres.

Les Grands de la Gaule qui s'étaient ralliés à Clovis avaient
été admis par ce prince au nombre de ses fidèles; mais les
Franks ne les traitaient point en égaux. Les Franks ne traitaient
en égaux que les autres Germains et le Clergé, lequel était leur
allié contre les Goths, et auquel ils supposaient des pouvoirs sur-
naturels. Ils traitaient le reste des Gaulois comme des inférieurs,
à ce point que, dans le rachat légal du sang, le meurtrier d'un
Germain était condamné à une amende double de celle que payait
le meurtrier d'un Gaulois laïque. La loi des Franks ne punissait de
mort que la trahison et la désertion, tandis que le meurtre et l'assassinat n'étaient frappés que d'une amende au profit de la famille du mort, à moins que celle-ci n'aimât mieux poursuivre
sa vengeance les armes à la main ; et, alors, le magistrat ne s'en
mêlait pas.

Les Franks châtiaient sévèrement les offenses envers les
femmes, quoique leur loi, sous d'autres rapports, fût moins
favorable à celles-ci que les lois gauloises.

Sous l'empire de la Loi Salique, les terres n'étaient plus en
commun comme chez les Germains du temps de César. A la
mort du père, les terres étaient partagées entre les fils ; les
filles n'avaient de part qu'aux biens mobiliers, le sol, selon
les Franks, ne devant appartenir qu'à celui qui pouvait le
défendre par l'épée. Et nous avons vu plus haut que les lois de
la succession au trône furent assimilées, par la coutume, à celles
de la succession en matière de propriété (1).

Les Franks donnaient une dot à leur filles en les mariant ;
c'était un progrès moral. « Chez les Germains, rapporte Tacite,

(1) H. Martin, *loc. cit.*

ce n'est point la femme qui apporte une dot au mari, mais le mari qui en donne une à la femme. » Cet usage, indirectement consacré par plusieurs des lois Barbares, entre autres par celle des Burgundes, et attestée dans les premiers siècles de l'Europe moderne par une multitude de faits, se retrouve chez presque tous les peuples barbares ou sauvages; il indique la condition, sinon servile, du moins faible et méprisée des femmes, qui sont achetées par leur mari comme une esclave ou une tête de bétail. Dès qu'on le voit disparaître et que la femme commence à apporter une dot dans la maison où elle entre, on peut être assuré que la condition des femmes s'améliore. Tel était le cas chez les Franks. A l'imitation des Romains, ils donnaient des arrhes, ou présents de fiançailles, dont l'offre d'un anneau et de pantoufles était la formule sacramentelle. Comme tous les autres Barbares, ils avaient, en outre, conservé l'usage du *morgengabe*, ou présent du matin le lendemain des noces. Nous avons vu plus haut que la monogamie était loin d'être respectée chez eux, principalement parmi les princes et les grands; sur ce point, les lois chrétiennes ne furent point, pendant longtemps, assez fortes pour refréner leur dépravation.

Les Franks étaient extrêmement superstitieux; ils avaient, principalement, l'habitude de consulter l'Écriture Sainte pour connaître l'avenir. Cette pratique était commune à tous les païens. C'est ainsi que l'empereur Adrien avait pour coutume de consulter Virgile et de régler sa conduite ou augurer de l'avenir d'après le premier vers qui s'offrait à ses regards. Grégoire de Tours nous en a conservé de curieux traits. Lorsque Clovis fut en vue de la ville de Tours pour aller joindre les Wisigoths à Vouglé, « il envoya, raconte le chroniqueur, ses députés à la basilique du saint, disant : « Allez, et peut-être « recevrez-vous de la sainte basilique quelque présage de vic-« toire ». Puis, leur ayant remis des présents pour offrir au saint lieu, il ajouta : « Seigneur, si tu m'es en aide et si tu as « résolu de livrer en mes mains cette nation incrédule et tou-« jours ton ennemie, fais-moi la grâce de me révéler ta faveur « à l'entrée de la basilique de Saint-Martin, afin que je sache

« si tu daignes être propice à ton serviteur ». Les domestiques se hâtèrent, et, comme ils entraient dans la basilique suivant l'ordre du roi, celui qui conduisait le chant fit entonner tout à coup cette antienne : *Seigneur, vous m'avez revêtu de force pour la guerre, et vous avez abattu sous moi ceux qui s'élevaient contre moi; vous avez fait tourner le dos à mes ennemis devant moi, et vous avez exterminé ceux qui me haïssaient* (1). Les envoyés, ayant entendu ces paroles d'un psaume, rendirent grâce à Dieu, présentèrent des offrandes au saint Confesseur et vinrent, tout joyeux, rendre compte au roi. »

Lorsque Chramn eut résolu de trahir son père Clotaire pour la première fois, il passa à son oncle Childebert et leva une armée dans son gouvernement d'Auvergne. Comme il allait le rejoindre, il traversa Dijon. « Là se trouvait alors l'évêque saint Tétricus. Les clercs, ayant posé trois livres sur l'autel, les Prophètes, les Apôtres et les Évangiles, prièrent le Seigneur de montrer ce qui arriverait à Chramn et de déclarer par la puissance divine s'il devait réussir ou, du moins, s'il régnerait; en même temps ils firent une convention, savoir que chacun d'eux lirait à la messe le passage qu'ils auraient trouvé à la première ouverture du livre. Ayant donc ouvert le premier de tous les livres des Prophètes, ils trouvent : *J'arracherai de là mes ceps, et ils seront dans la désolation; au lieu de porter de bons raisins, ils n'ont donné que de mauvais fruits* (2). Le livre de l'Apôtre ayant été ouvert, ils lisent : *Vous savez bien, mes frères, que le jour du Seigneur viendra comme un voleur dans la nuit. Lorsqu'ils auront dit : Paix et sécurité! la mort fondra sur eux tout d'un coup, comme les douleurs de l'enfantement sur une femme, et ils ne pourront l'éviter* (3). Enfin, le Seigneur dit par son Évangile : *Celui qui n'écoute pas mes paroles est comparable à un insensé qui édifie sa maison sur le*

(1) *Psaume* XVII, 27 et 40.
(2) Isaïe, v, 4,5.
(3) I, *Thess* , v, 2,3.

sable ; la pluie est tombée, les torrents se sont précipités, les vents ont soufflé contre elle avec violence, et elle s'est écroulée, et la ruine en a été grande (1). Chramn fut reçu dans les basiliques par le susdit évêque et y mangea le pain de la communion ; puis il se dirigea vers Childebert. » Cet épisode est plus grave, en ce sens que c'est le Clergé lui-même qui provoque l'incident ; peut-être les clercs de Dijon étaient-ils peu instruits, par conséquent superstitieux eux-mêmes. On sait, du reste, qu'il ne réussit pas à entraver les projets de Chramn, et ce qui advint de sa rébellion.

Quand l'infortuné fils de Chilpéric, Mérovée, s'échappa du monastère de Saint-Calais pour rejoindre Brunehaut, il alla également consulter le sort dans la basilique de Saint-Martin de Tours. « Mérovée plaça trois livres sur le tombeau du saint, savoir : le Psautier, les Rois, les Évangiles, et passa toute la nuit en prières, demandant que le saint Confesseur lui montrât ce qui arriverait et que le Seigneur lui fît connaître s'il pourrait, ou non, arriver au trône. Ensuite, ayant continué pendant trois jours ses jeûnes, ses veilles et ses prières, il s'approcha de nouveau du bienheureux tombeau et ouvrit un des livres, qui était celui des Rois. Or, le premier verset de la page à laquelle il ouvrit était celui-ci : *Parce que vous avez abandonné le Seigneur votre Dieu pour courir après les dieux étrangers et n'avez point marché droit devant lui, le Seigneur votre Dieu vous a livré entre les mains de vos ennemis* (2). Dans le Psautier, le verset qu'on trouva fut : *C'est en punition de leur perfidie que vous leur avez envoyé ces maux ; vous les avez renversés dans le temps qu'ils s'élevaient. Comment sont-ils tombés dans la désolation ? Ils ont manqué tout à coup ; ils ont péri à cause de leurs iniquités* (3). On trouva ceci dans les Évangiles : *Vous savez que la Pâque se fera dans deux jours, et que le*

(1) Matth. VII, 26, 28.
(2) *III, Reg.,* IX. 9.
(3) *Psaume* LXXII, 18, 19.

Fils de l'Homme sera livré pour être crucifié (1). Confondu par ces réponses, il pleura longtemps sur le tombeau du bienheureux pontife; puis, ayant pris avec lui le duc Gontran Boson, il partit, accompagné de cinq cents hommes, ou un peu plus. »

Nous ne citerons pas d'autres traits de cette superstition, les trois qui précèdent nous paraissant suffisants. On voit que le clergé gallo-romain se prêtait à ce jeu impie, qui lui attirait de riches présents et de nombreuses faveurs. Pourtant, cette coutume avait été énergiquement blâmée par saint Augustin. D'autre part, elle avait été condamnée par le concile d'Agde (506) et par le premier concile d'Orléans (511). Mais elle ne fut abolie définitivement que par le troisième capitulaire de l'an 789, sous Charlemagne.

Chilpéric s'avisa, à la même époque, d'une plus étrange superstition : celle de demander une réponse par écrit aux reliques des saints. « Comme Gontran Boson, rapporte encore notre chroniqueur, était alors accusé de la mort de Théodebert, le roi Chilpéric envoya au tombeau de saint Martin des messagers avec une lettre dans laquelle il était écrit que le roi demandait au saint de lui répondre s'il lui était permis, ou non, d'arracher Gontran de sa basilique. Le diacre Baudegisile, qui présenta cette lettre, la déposa sur le saint tombeau avec une feuille blanche, qu'il avait apportée en même temps. Après trois jours d'attente, ne recevant aucune réponse, il retourna auprès de Chilpéric. » Cette fois, du moins, les prêtres qui veillaient près du tombeau ne profitèrent pas de la crédulité du roi pour lui faire une réponse au nom de saint Martin.

On consultait également les pythonisses. « A la même époque, Gontran Boson envoya un serviteur vers une femme qui avait un esprit de pythonisse, et qu'il connaissait dès le temps du roi Caribert, afin qu'elle lui découvrit ce qui devait lui arriver. Il affirmait, d'ailleurs, qu'elle lui avait annoncé,

(1) MATTH., XXVI, 2.

avant l'événement, non seulement l'année, mais le jour et l'heure où mourrait Caribert. Par ses serviteurs, elle lui renvoya ces paroles : « Il doit arriver que le roi Chilpéric mourra « cette année (577), et que le roi Mérovée, à l'exclusion de ses « frères, sera maître de tout le royaume. Pour toi, tu seras « cinq ans duc de tous ses États ; mais, la sixième année, « dans une cité des Gaules située sur le bord de la Loire, à la « droite de ce fleuve, tu obtiendras par la faveur du peuple la « grâce de l'épiscopat ; puis, tu sortiras de ce monde vieillard « et plein de jours. » Or, on sait que Chilpéric ne mourut qu'en 584, que Mérovée fut assassiné en 578, et que Boson fut lui-même mis à mort plus tard par les ordres de Brunehaut. Mais, malgré ces mécomptes, l'autorité des devins et des devineresses n'en persistait pas moins.

Ce qui est plus grave, c'est que les évêques à leur tour, pris de la fièvre divinatoire, se mêlent d'avoir des songes prophétiques et de s'en faire gloire. « Quand des serviteurs, continue Grégoire de Tours, eurent rapporté cela à leur maître, aussitôt celui-ci, gonflé de vanité, comme s'il eût été déjà installé dans la chaire de l'église de Tours, vint me raconter cette prédiction. Je me moquai de sa folie en lui disant : « C'est à Dieu « qu'il faut demander ces choses, on ne doit point croire aux « promesses du diable ; car il fut menteur dès le commence- « ment, et il n'a jamais été dans la vérité. » Pendant qu'il se retirait tout confus, je riais beaucoup de cet homme qui pensait devoir croire à de pareilles choses. Une nuit, après la célébration des matines dans la basilique du saint évêque, je dormais, couché sur mon lit, lorsque je vis un ange volant par les airs qui, en passant au-dessus de la sainte basilique, dit d'une voix puissante : « Hélas ! hélas ! Dieu a frappé Chil- « péric et tous ses fils ; et de tous ceux qui sont sortis de ses « reins il n'en restera pas un seul qui jamais gouverne son « royaume. » Ce prince avait alors de différentes femmes, quatre fils, sans compter les filles. Et, quand plus tard ces paroles furent accomplies, je reconnus clairement que les promesses des devins étaient fausses. » Sans doute ; mais les pré-

CHARLES MARTEL

dictions de l'ange de Grégoire ne valaient pas mieux, puisque Chilpéric laissa pour lui succéder un fils qui fut Clotaire II. Après tout, l'exhortation chrétienne et l'excommunication étant sans efficacité sur l'esprit grossier et violent des Franks, le miracle était alors la seule arme d'un évêque pour défendre son église et son troupeau. Rien ne peut dompter le Barbare et mettre un frein à ses passions que la terreur d'un péril imaginaire ; tous les documents des premiers temps du Moyen Age en font foi. Vivant dès son enfance dans cette atmosphère surnaturelle et habitué à faire sans cesse apparaître des fantômes aux yeux des autres, Grégoire a dû se trouver dans la nécessité d'user lui-même de ces chimères : on saisit, en effet, dans deux passages de son *Histoire*, l'aveu que ses visions miraculeuses n'étaient parfois qu'une ruse innocente, sans compter qu'il n'ignore pas l'emploi, par les autres du moins, de faux miracles. Lui aussi, il a suivi le courant de son époque.

On sait que les Franks avaient des esclaves. L'esclavage provenait, d'habitude, du fait de la guerre, parfois aussi du rapt chez les peuples voisins. En cas d'alliances entre princes, ceux-ci se livraient mutuellement des otages ; s'il survenait une désunion entre les contractants, on ne se gênait guère pour réduire ces otages en servitude, contre tout droit des gens. Chilpéric frappa les propriétaires d'esclaves d'un lourd impôt. Les mariages de ces malheureux étaient peu respectés par leurs maîtres, qui ne leur épargnaient pas, d'ailleurs, les plus cruels traitements.

Nous avons vu comment les Rois étaient proclamés : les grands proposaient le prétendant ou l'héritier à l'assemblée du peuple, c'est-à-dire de tous les hommes libres, lesquels applaudissaient tant de la voix qu'en frappant sur leurs boucliers ; et on élevait alors l'élu sur un pavois, en signe que sa domination était acceptée. Le peuple lui prêtait alors serment, et lui-même jurait solennellement de n'imposer à ses nouveaux sujets ni lois ni coutumes nouvelles, en un mot de respecter leurs privilèges séculaires. Nous avons vu que les rois franks, comme les autres du reste, en prenaient fort à leur aise avec le serment par eux prêté. Il est vrai que leurs peuples le leur rendaient parfois avec une large usure, le respect envers le souverain qu'ils avaient librement choisi n'étant pas une qualité qui parût obligatoire aux Franks dans ce temps-là. On se rappelle de quelle brutale façon le soldat de Soissons résista à une demande de Clovis. Grégoire de Tours rapporte à ce sujet un fait significatif. Clotaire Ier s'apprêtait à marcher contre les Saxons révoltés et refusant de payer le tribut annuel. « Comme il était près de leur territoire, les Saxons envoient des députés chargés de lui dire : « Nous ne faisons pas mépris de toi, et ce « que nous avions coutume de payer à tes frères et à tes « neveux, nous ne le refusons pas, et nous te donnerons plus « encore si tu le demandes ; nous ne désirons qu'une chose, « c'est que la paix subsiste, afin que ton armée n'en vienne « pas aux mains avec notre peuple. » A ces mots, Clotaire dit aux siens : « Ces hommes parlent bien ; ne marchons pas sur « eux, de peur de pécher contre Dieu. » Mais ceux-ci répondirent : « Nous savons qu'ils sont des menteurs, et qu'ils ne « rempliront aucunement leurs promesses ; marchons contre « eux ! » Les Saxons offrirent la moitié de ce qu'ils possédaient, demandant encore la paix. Et le roi Clotaire dit aux siens : « Laissez, je vous prie, ces hommes, de peur d'attirer « sur nous la colère de Dieu. » Mais ils ne l'écoutèrent pas. De nouveau, les Saxons vinrent offrir leurs vêtements, leurs troupeaux, la totalité de ce qu'ils possédaient, en disant : « Prenez « tout cela, avec la moitié de notre terre ; laissez-nous seule- « ment nos femmes et nos petits enfants, et qu'il n'y ait point « de guerre entre nous ». Même cela, les Franks n'y voulurent pas consentir. Le roi Clotaire leur dit : « Renoncez, je vous « supplie, renoncez à ce projet ; les droites paroles ne sont « pas de notre côté. Ne marchez pas à une guerre où vous vous « perdriez. Si vous voulez, cependant, y aller de votre propre « commandement, moi, je ne vous suivrai pas. » Alors ceux-ci, pleins de colère contre le roi Clotaire, se jettent sur lui, déchirent sa tente, l'accablent lui-même de mauvais traitements, et, le traînant de force, ils voulaient le tuer s'il tardait à marcher avec eux. Voyant cela, Clotaire partit avec eux contre son gré. » Toute la question pour les Franks, en pareille circonstance, se réduisait à une perspective de butin, qu'ils devaient, la campagne finie, se partager par la voie du sort.

Ces légers inconvénients du métier, — les rois de France, depuis, en connurent d'autres! — n'empêchaient pas les princes franks de posséder des richesses respectables et de tenir un train de maison relativement luxueux. De tout temps, la Royauté a eu des compensations enviables. Grégoire de Tours nous fournit encore deux preuves à l'appui. Nous avons dit que, à l'occasion de la maladie de ses deux premiers enfants, Frédégonde avait été prise d'un remords subit. A cette occasion, elle dit à Chilpéric : « Voilà que nous perdons nos fils ; « voilà que les larmes des pauvres, les lamentations des veuves, « les soupirs des orphelins les tuent, et il ne nous reste plus « l'espoir d'amasser pour personne. Nous thésaurisons sans « savoir pourquoi nous amassons. Les voilà sans possesseurs, « ces trésors pleins de rapines et de malédictions! Nos celliers « ne regorgeaient-ils pas de vin? Nos greniers n'étaient-ils pas « remplis de froment? Nos coffres n'étaient-ils pas comblés d'or, « d'argent, de pierres précieuses, de colliers et d'autres orne- « ments impériaux? Et voilà que nous perdons ce que nous « avions de plus beau! Maintenant, si tu veux, viens et brûlons « tous nos iniques registres d'impositions : qu'il nous suffise « d'avoir pour revenus ce qui suffisait à ton père, le roi Clo- « taire. »

Il fallait que cette fortune fût bien considérable puisque le même Chilpéric, à l'occasion du mariage de sa fille Rigonthe avec Récared, fils du roi des Wisigoths d'Espagne, donna à cette princesse une dot qui fit l'émerveillement des contemporains. « Il la remit aux ambassadeurs des Goths, rapporte le même historien, et lui donna de grands trésors. Et la mère y ajouta une si grande quantité d'or et d'argent ou d'habits précieux que le roi, en les apercevant, pensa qu'il ne lui restait plus rien. La reine, le voyant mécontent, se tourna vers les Franks et parla ainsi : « Ne croyez pas, ô guerriers, qu'il y ait rien ici

« des trésors des rois précédents. Tout ce que vous voyez est
« pris de ce que je possède en propre, car le très glorieux roi
« m'a fait beaucoup de largesses, et j'y ai ajouté le fruit de
« mon propre travail en acquérant de grands biens, tant en
« fruits qu'en revenus pécuniaires, au moyen des domaines
« qui m'ont été concédés. Vous-mêmes, vous m'avez souvent
« enrichie de vos présents : les objets exposés en ce moment
« sous vos yeux en sont une partie, mais il ne s'y trouve rien
« provenant des trésors publics. » Et ainsi fut abusé l'esprit
du roi. Telle était la multitude des objets que l'or, l'argent et
les autres choses précieuses faisaient la charge de cinquante
chariots. » Le chroniqueur ajoute : « Les Franks, de leur côté,
offrirent beaucoup de présents, les uns de l'or, d'autres de
l'argent, quelques-uns des chevaux, les plus nombreux des
vêtements ; et chacun, selon ses moyens, fit son offrande. »

Ce n'est pas d'hier seulement, on le voit, que les dotations
des fils et filles de nos rois ont coûté gros au bon peuple de
France. Mais les rois eux-mêmes coûtaient encore davantage.
Ceux-ci, toutefois, se piquaient parfois d'honneur : les uns,
comme Dagobert, entretenaient une cour fastueuse et se
livraient, par suite, aux dépenses les plus excessives ; les four-
nisseurs de la Couronne applaudissaient à ce luxe intéressé,
qui, disaient-ils gravement, favorisait le commerce national ;
le peuple eût encore préféré un excès d'avarice à ces magni-
ficences exagérées, lesquelles se soldaient pour lui par un sup-
plément d'impôts : les autres, comme Chilpéric, se contentaient
de reconnaître la libéralité de leurs accommodants sujets en se
posant comme protecteurs des Lettres, ce qui ne les empê-
chait nullement, du reste, d'imaginer de nouvelles taxes quand
l'occasion s'en présentait.

Le signe de l'autorité royale, chez les Franks, était une
lance dans la main, en guise de sceptre. Nous avons vu, d'autre
part, que la longue chevelure était la caractéristique de
l'exercice de ce même pouvoir, et qu'on la coupait aux princes
déchus en signe de renoncement ou d'ignominie. La majorité
des rois était, en outre, fixée à douze ans chez les Franks Sa-

liens, à quinze ans chez les Franks Ripuaires. Les fils des rois
et leurs filles étaient également appelés des titres de « rois » et
« reines » ; on les entourait d'un nombreux personnel de haute
domesticité, comtes, maires, gouverneurs, paranymphes, etc.

C'étaient ces comtes qui administraient la justice au nom du
roi, mais leur juridiction ne s'étendait qu'à une seule ville ;
ils étaient, de plus, chargés de porter au fisc les tributs du
comté. A cette occasion, ils étaient en droit de requérir un
service de voitures publiques, ou de poste. Presque toutes les
propriétés des sujets franks, en effet, les alleux comme les
bénéfices, c'est-à-dire les terres libres de toutes redevances
comme celles qui s'en trouvaient grevées, étaient assujetties à
l'obligation de fournir des moyens de transport et des denrées
soit aux envoyés du roi, soit à ceux qui se rendaient auprès de
lui pour quelque office public. Cette obligation est formellement
consacrée par les lois Barbares, et Marculf nous a conservé la
formule par laquelle les rois réglaient ce qui devait être fourni
à leurs envoyés par les propriétaires des terres qu'ils avaient
à traverser. C'étaient, enfin, les comtes qui procédaient aux
recensements de la population.

Nous trouvons dans Grégoire de Tours le fonctionnement
d'une institution analogue à celle de notre Jury criminel de
l'ère contemporaine. A la suite d'un festin tenu à Tours, un
certain Austregisil avait tué et blessé les serviteurs de son am-
phitryon, volé son argent et mis le feu à sa maison. « A la
suite de cela, les deux parties comparurent au tribunal des
citoyens, et il fut ordonné qu'Austregisil subirait la peine portée
par la loi comme homicide et pour avoir, après le meurtre des
esclaves, pillé les biens sans jugement....... Les parties, ayant
été amenées par le juge devant l'assemblée des citoyens, plai-
dèrent chacune leur cause : et il fut décidé par les juges que
celui qui, ayant refusé de recevoir une première fois une
composition, avait livré par vengeance les maisons du meurtrier à l'incendie perdrait la moitié du prix qui lui avait été d'a-
bord adjugé (en cela on agit contre les lois, mais c'était afin
que la paix fût rétablie entre eux), et que celui qui l'avait aidé

restituerait l'autre moitié de la composition. L'Église fournit l'argent, et les deux parties payèrent la composition réglée par le tribunal, après s'être donné réciproquement « sécurité » et s'être promis par serments de ne jamais rien entreprendre en aucun temps l'une contre l'autre. » Ce fonctionnement juridique spécial était digne d'être rappelé.

TROISIÈME PARTIE

———

L'UNITÉ FRANKE ET LA DÉCADENCE DES MÉROVINGIENS

I

Les Rois Fainéants et les Maires du Palais. — Ébroïn.

Il n'y eut pas de grands troubles à la mort de Dagobert. Le pouvoir royal s'affaissa de lui-même. Ce prince avait laissé deux fils en bas âge : l'un était déjà roi d'Austrasie, l'autre fut reconnu roi de Neustrie et de Bourgogne ; et les Grands furent maîtres chacun chez eux. Le peu d'autorité publique qui subsista fut exercé, dans chacun des trois royaumes franks, par les *Maires du Palais*.

Le Maire, c'est-à-dire le plus important, le premier officier de la Couronne, avait été d'abord l'intendant du domaine du roi et le grand-juge de ses compagnons d'armes, de ses *fidèles*, de ses *leudes*, devenus des grands et des seigneurs. C'était le roi qui, alors, chosissait le Maire. Plus tard, les grands d'Austrasie, après le meurtre de Sigebert, mari de Brunehaut, s'étaient emparés de la nomination de ce haut fonctionnaire et l'avaient chargé de contrôler le pouvoir royal ; puis, les grands de Bourgogne avaient suivi cet exemple, ce qui avait été une des causes des querelles surgies entre les seigneurs et Brunehaut. Les premiers l'emportèrent. Désormais, les rois ne disputèrent plus aux grands le choix des Maires.

Les deux fils de Dagobert moururent jeunes, sans avoir fait acte de rois, et leurs descendants, pour la plupart, vécurent comme eux dans l'oisiveté, ne commandant plus les armées, ne rendant plus la justice et, au lieu de monter virilement à cheval, se promenant dans les campagnes sur des chariots traînés par des bœufs ; c'est pourquoi on les a nommés les

Rois Fainéants. Épuisés par des excès précoces, aucun d'eux, pour ainsi dire, ne dépassa l'âge de vingt ans. Pendant ce temps, il n'y eut plus ni bon ordre ni prospérité chez les Franks.

Après une vingtaine d'années de cet abandon de tout par tous, un homme véritablement intelligent et fort apparut en Neustrie : il se nommait Ébroïn. Élu maire du palais par les Neustriens et les Burgundes, Ébroïn se retourna contre les grands, qui ne voulaient rien faire selon la raison et qui n'avaient pas su établir un gouvernement pour remplacer celui des rois. Il reprit, en partie, la politique de Brunehaut et de Dagobert. Il cessa d'observer les décrets rendus par les évêques et par les grands en l'année 614, choisit pour comtes ceux qu'il voulut, malgré les grands propriétaires, et fit mettre à mort beaucoup de nobles. Mais Ébroïn ne rétablit pas les impôts, et les petits propriétaires, ainsi que la population gauloise, que les seigneurs opprimaient, soutinrent le maire en Neustrie. Les grands, au contraire, lui résistèrent en Bourgogne, excités par Léger, évêque d'Autun, homme d'un fier courage, mais plus homme de parti qu'homme d'Église (1).

Le roi fainéant, au nom duquel commandait Ébroïn, étant venu à mourir, le maire du palais le remplaça par un autre Mérovingien sans attendre que l'assemblée générale des Franks fût réunie pour élever le roi sur le bouclier, parce qu'il craignait que les grands, avec leurs compagnons et leurs serviteurs, se rendissent les maîtres dans l'assemblée. Les Neustriens et les Burgundes, irrités de cette transgression des coutumes, se révoltèrent et proclamèrent le roi d'Austrasie Childéric, au lieu du roi d'Ébroïn. Celui-ci, abandonné de tous, se réfugia dans une église. L'évêque Léger et les autres prélats ne voulurent point qu'on violât le droit d'asile ; ils firent donc épargner la vie d'Ébroïn ; mais on le tondit comme un moine, et on l'envoya en exil au monastère de Luxeuil, dans les montagnes des Vosges. Les coutumes des Franks transgressées par Ébroïn furent rétablies, et la Mairie viagère fut abolie (670).

(1) H. MARTIN, *loc. cit.*

Les grands entendaient bien n'avoir plus personne désormais au-dessus d'eux ; mais le jeune Childéric, un des petits-fils de Dagobert qu'ils avaient élu roi de tous les Francks, possédait, par exception dans sa race déchue, de l'énergie et de la vigueur. Il voulut être roi de fait comme de nom, et, à son tour, il commença d'agir contre les seigneurs. Ceux-ci complotèrent contre lui, et un noble qu'il avait fait battre de verges, comme un esclave, le surprit et le tua dans la forêt de Bondy (673).

Ébroïn, qui avait pris part au complot contre le roi avec l'évêque Léger, se brouilla de nouveau avec celui-ci. Échappé de Luxeuil au milieu du désordre universel, il laissa repousser ses cheveux, se refit une armée de ses anciens amis et de tous les gens pauvres et hardis, recouvra bientôt sa puissance, s'empara d'un Mérovingien qu'avaient proclamé l'évêque et son parti, et envoya ses lieutenant poursuivre Léger jusque dans Autun. Cette fois, la fortune avait changé. Quand Léger vit la ville assiégée et en péril, son cœur s'émut, et il ne voulut pas que son peuple pérît à cause de lui. Après avoir communié, il alla se livrer à ses ennemis, qui ne l'épargnèrent pas comme il avait épargné Ébroïn, mais lui crevèrent les yeux et le retinrent en captivité.

Redevenu ainsi maître en Neustrie et en Bourgogne, Ébroïn ruina les grands en réprenant les fonctions publiques et les terres du domaine royal que ceux-ci s'étaient appropriées comme héritage ; et il les distribua à des hommes nouveaux, partageant les grands domaines entre beaucoup de mains, confisquant, pour les partager aussi, les domaines personnels des seigneurs qui se révoltaient. Cet homme, d'idées plus avancées que son époque, fut véritablement un précurseur. Le peuple était pour lui, et les évêques se partageaient à son sujet ; saint Ouen de Rouen et saint Égilbert de Paris tenaient pour lui contre Léger d'Autun et saint Genest de Lyon. Une assemblée de prélats de Neustrie et de Bourgogne condamna alors l'évêque Léger, sous l'inculpation de complicité dans le meurtre du roi Childéric. Après avoir été cruellement mutilé par ordre d'Ébroïn, Léger fut dégradé de l'épiscopat, puis décapité (678). L'Église en a fait, plus tard, un saint et un martyr.

Pendant ce temps, les Austrasiens, qui n'avaient pas voulu obéir à Ébroïn ni reconnaître son roi, avaient proclamé un autre Mérovingien, du nom de Dagobert ; mais celui-ci fit comme Childéric, et non comme ses autres parents. Il rétablit les impôts, et mit tout le monde contre lui ; on le tua, mais on ne le remplaça pas : il n'y eut plus en Austrasie ni roi ni Maire. L'Austrasie se forma en une confédération de chefs dont les titres, en langue germanique, répondaient aux titres français de duc et de comte (1).

Pour la première fois, afin de résister à Ébroïn, les grands austrasiens parvinrent à constituer entre eux un certain ordre. Ils prirent l'offensive, poussés par les réfugiés de Neustrie et de Bourgogne qui étaient en grand nombre parmi eux. Ils comptaient sur une révolte générale contre Ébroïn, comme en 670 ; mais le peuple resta fidèle à son maire, et les Austrasiens furent défaits sur les plateaux de Lafaux, où Brunehaut avait été autrefois vaincue par Frédégonde. Deux cousins germains, appelés Pépin et Martin, étaient les principaux chefs du mouvement : le premier s'enfuit au loin ; le second s'enferma dans la forte ville de Laon. Ébroïn envoya vers Martin deux évêques, Égilbert de Paris et Reolus de Reims, qui lui jurèrent, sur des reliquaires, qu'il aurait la vie sauve s'il se rendait : mais ils avaient pris soin, avant de jurer, d'ôter les reliques, afin que les Saints ne fussent pas offensés par leur parjure, et Martin fut tué par l'ordre d'Ébroïn (680).

Ébroïn n'eut pas le temps de mettre à profit sa victoire sur l'Austrasie, et il eut la fin qu'il avait infligée à tant d'autres. Un noble qu'il avait châtié, et, cette fois, avec raison, l'assaillit comme il sortait de son logis pour aller aux matines dans l'église voisine et lui fendit la tête d'un coup d'épée (681). Mais son gouvernement ne périt pas avec lui ; le parti des petits propriétaires et du peuple garda le pouvoir en Neustrie

____
(1) H. MARTIN, *loc. cit.*

et en Bourgogne. Une partie des légendes des Saints défendent la mémoire de cet habile ministre : « Il châtiait, disent-elles, les forfaits des hommes superbes et injustes ; il faisait régner la paix par toute la terre. C'était un homme de grand cœur, quoiqu'il fût trop cruel envers les évêques. » Ce jugement est juste, car, si ses crimes furent de son époque, ses hautes qualités lui appartinrent bien en propre (1).

(1) H. Martin, *loc. cit*

II

PÉPIN D'HÉRISTAL.

Les maires du palais qui commandèrent après Ébroin n'a-
vaient point hérité de son génie. Les grands de Neustrie et de
Bourgogne, réfugiés chez les Austrasiens, pressèrent Pépin, le
vaincu de Lafaux, et les autres ducs d'Austrasie de reprendre
les armes. Pépin, que les historiens nomment Pépin d'Héristal
parce que sa principale résidence était à Héristal, près de
Liège, fut proclamé chef de la guerre, et toute l'Austrasie le
suivit ; car, chez les Austrasiens, le parti populaire s'était
dissous, et tous les guerriers s'étaient groupés autour des
grands. En Neustrie et en Bourgogne, le peuple répondit à
l'appel du maire Berther ; mais ce Berther était un homme vain
et léger, sans force et sans courage. Il ne sut pas conduire
l'armée populaire qui, après une longue résistance, fut enfin
rompue et défaite par ses adversaires plus habiles aux armes.
Ce désastre eut lieu à Testri, en Vermandois (687). Cette seule
victoire mit tout l'empire des Franks sous la main de Pépin.
Berther fut tué par ordre de sa propre belle-mère, courroucée
de sa lâcheté. Quant à son roi mérovingien, appelé Théodoric,
il se rendit au vainqueur, qui lui laissa le titre de roi, mais
qui s'attribua le gouvernement du royaume et les trésors
royaux ; et Pépin se fit prêter serment par tous les chefs des
Franks, tandis que personne ne prêta plus serment au roi. Le
triomphateur s'en retourna dans le pays de Liège, centre de
ses grands domaines, laissant près du roi un lieutenant à lui,

un vice-maire. Le siège principal de l'empire des Franks fut ainsi reporté de Paris sur la basse Meuse, et la prépondérance passa des descendants des Franks Saliens aux descendants des Franks Rip.aires.

Pépin perpétua dans sa main, sous le simple titre de duc, le généralat des Austrasiens, en même temps qu'il gouverna la Neustrie et la Bourgogne sous le titre de maire du palais. Il devint ainsi comme un second Clovis et refit une sorte de monarchie militaire, mais une monarchie aristocratique et germanique, et non une imitation de l'empire romain, ainsi qu'avait voulu Brunehaut. Il rétablit les Lois Salique et Ripuaire, bouleversées par Ébroïn, et l'assemblée générale annuelle des Franks. Mais cette assemblée n'avait plus rien de démocratique ; les grands y faisaient tout, le peuple rien. Cependant Pépin, qui était homme de sens et de politique, eut des ménagements pour le peuple de Gaule, renouvela le pacte de Clovis avec les évêques, et réagit, d'accord avec eux, contre le paganisme germanique, qui avait regagné beaucoup de terrain pendant les désordres des Franks.

L'empire frank avait beaucoup déchu dans le courant du VIIe siècle. La Bretagne ne reconnaissait plus sa suprématie. Les pays au midi de la Loire lui échappaient également : ces grandes provinces d'Aquitaine n'avaient été pour les Franks qu'une terre de conquête et de tribut, où ils ne s'étaient point établis ; et, maintenant, des ducs originaires du pays, soutenus par les montagnards basques, commandaient en Aquitaine. Un de ces ducs, nommé Eudes, parvint à étendre sa domination depuis Toulouse et la Gascogne jusqu'à Poitiers et Bourges ; même il finit par prendre le titre de roi, en reconnaissant tout au plus une suprématie nominale au Mérovingien sous le nom duquel Pépin régissait la Neustrie et la Bourgogne (1).

D'autres pertes encore touchaient bien plus le cœur des Franks. Ils avaient eu autrefois pour vassaux tous les Germains, et même une partie des Slaves. Présentement, leur

(1) H. MARTIN, *loc. cit*

domination en Germanie avait croulé. Tous les vassaux germains s'étaient révoltés les uns après les autres, et ils empiétaient de toutes parts sur le territoire propre des Franks d'outre-Rhin. Les Franks païens d'outre-Rhin s'étaient fondus avec les Germains païens ; les Saxons venaient planter leurs huttes de bois et de terre jusqu'en face de Cologne ; les Frisons s'avançaient jusqu'aux pays d'Anvers et de Gand, couverts encore alors de halliers et de marais. La pure Barbarie entamait de nouveau la Gaule.

Pépin ne s'occupa point des Aquitains ni des Bretons ; il porta tous ses efforts contre les Germains païens. Il battit les Frisons, et les rejeta au delà du bas Rhin (689). En même temps, il s'allia contre les païens, non seulement avec les évêques des Gaules, mais encore avec le Pape, devenu le premier évêque de la Chrétienté ; celui-ci entreprit l'œuvre de la conversion des Germains au Christianisme. Les Frisons, les Bavarois, les Souabes furent tour à tour reconquis à la suprématie franke pour devenir, finalement, assujettis à la religion chrétienne au bout de vingt-trois ans de combats. Il est vrai que la persuasion de l'épée l'emporta, dans cette dernière œuvre, trop souvent sur celle de la prédication ; et Pépin d'Héristal inaugura le premier ce système de conversion violente que son arrière-petit-fils Charlemagne devait pousser jusqu'aux extrêmes limites de la rigueur (689-712).

La paix était enfin acquise au dehors ; mais Pépin retrouva la guerre dans sa maison même. Quoique dévot en sa croyance, Pépin avait deux femmes, épousées toutes deux selon la loi des Franks, mais dont la seconde était illégitime aux yeux de l'Église ; cette situation douteuse était, parfois, la cause de grandes querelles. Un jour, Lambert, évêque de Maëstricht, fut invité à un banquet par le duc. On lui présenta, suivant la coutume, les coupes des convives à bénir ; il refusa de bénir celle de la seconde femme de Pépin, et se retira. Une guerre civile s'ensuivit, car cette seconde femme avait des amis puissants, qui massacrèrent l'évêque dans sa métairie de Liège (708). L'église canonisa Lambert comme un martyr. Pépin, irrité de ce meurtre, disgracia la coupable, ainsi que le fils qu'elle lui avait donné, nommé Charles.

Quelques années après, Pépin étant tombé malade, les factions des deux femmes et de leurs fils s'apprêtèrent à se disputer son héritage. Comme le fils de la première femme, appelé Grimoald, priait dans une église qu'on bâtissait sur le lieu même où avait été assassiné l'évêque Lambert, un païen lui passa son épée au travers du corps. Pépin se leva de son lit pour venger son fils aîné ; il extermina tous ceux qui avaient été les complices du meurtrier, puis il se recoucha et mourut (714), après avoir exclu de sa succession le fils de sa seconde femme (1).

(1) H. Martin, *loc. cit.*

CHARLES MARTEL

A la mort de Pépin, l'empire des Franks parut tomber en dissolution. Les Frisons, les Souabes, les Bavarois se révoltèrent ; la Provence et le Dauphiné se donnèrent au roi d'Aquitaine ; Lyon et les pays voisins se rendirent indépendants sous leurs évêques et leurs comtes.

A tous ces malheurs s'ajouta la guerre civile. La première femme de Pépin, Plectrude, emprisonna son beau-fils Charles, s'empara du pouvoir en Austrasie au nom de son petit-fils Théodoald, fils de ce Grimoald qui avait été tué à Liège, et tenta d'imposer cet enfant pour Maire du Palais à la Neustrie. Mais les Austrasiens de Plectrude furent assaillis, dans la forêt de Compiègne, par une insurrection neustrienne et furent défaits ; la reine prit la fuite, et son petit-fils mourut de fatigue et de peur. Un Maire du Palais élu par les Neustriens, Raghenfrid, envahit à son tour l'Austrasie en s'alliant aux Saxons et aux Frisons. L'Austrasie semblait perdue. C'est alors que Charles, le fils de la seconde femme de Pépin, — qui était, disent les chroniques, beau, valeureux et fort à la guerre, — réussit à s'échapper de sa prison. Les Austrasiens se groupèrent autour de lui, et il dirigea leur résistance à la fois contre la Neustrie et contre ses alliés païens. Le peuple d'Austrasie était de grande énergie, parfaitement habitué aux armes, et il y avait là, à côté de ce qui restait de Gaulois, une masse d'hommes d'origine et de langue germanique très unis entre eux pendant que, dans les

autres régions de la Gaule, les masses bien plus nombreuses
de l'ancien peuple gaulois, mêlées d'un petit nombre de
Romains et de Germains, étaient fort décomposées et ne for-
maient pas encore une nation nouvelle. La cohésion des uns,
la disjonction des autres devait donner la victoire aux premiers,
et c'est ce qui arriva. En 717, Charles reprit l'offensive, et,
dans une grande bataille livrée à Vinci, dans le Cambrésis, les
Austrasiens l'emportèrent.

Une irruption des Saxons et des Frisons ayant rappelé
Charles sur le Rhin, le maire de Neustrie, qui était un vaillant
homme, essaya de relever son peuple et appela le roi d'Aquitaine à son aide. Mais les Neustriens, réunis aux Aquitains,
furent vaincus de nouveau devant Soissons. Le roi Eudes fit
alors la paix avec Charles ; le maire Raghenfrid renonça à la
Mairie, et la Neustrie se soumit à Charles, qui laissa le titre
de roi à un Mérovingien appelé Chilpéric, sous le nom duquel
avait commandé le maire déchu (719). Charles accueillit dans
son armée les braves de toute race à côté de ses Austrasiens :
il devint le chef de guerre par excellence, aux yeux du
Gaulois comme du Germain, du païen comme du chrétien.
C'est de cette époque que date son surnom de *Martel*, parce
que, disent les anciennes chroniques, Charles broyait ses
ennemis dans les batailles comme le marteau brise le fer.
Pour s'attacher tous ces vaillants hommes, n'ayant plus de
terres à leur distribuer sur l'ancien domaine impérial, que les
grands s'étaient partagé, et ne voulant pas rétablir les impôts,
il prit les grands domaines dont les empereurs, les rois franks
et les particuliers avaient enrichi les églises, et il donna les
évêchés à ses compagnons d'armes pour les gratifier des terres
et des revenus qui en dépendaient.C'est le premier exemple de
main-mise par le pouvoir laïque sur les biens ecclésiastiques
qu'on rencontre dans notre histoire. On lui reprocha d'avoir
ainsi désorganisé l'Église de Gaule ; mais, s'il y eut injustice,
il la répara en protégeant les progrès du Christianisme dans la
Germanie (1).

(1) H. MARTIN, *loc. cit.*

C'est à ce moment que l'Europe méridionale fut entamée par une terrible invasion qui rappelait les jours néfastes d'Attila. Les Arabes apparaissent comme un nouveau fléau. En 711, ils envahissent l'Espagne et culbutent la monarchie des Wisigoths. En 713, ils franchissent les Pyrénées. En 719, ils prennent Narbonne, capitale de la seule province que les Goths eussent conservée en Gaule. En 721, ils se jettent sur l'Aquitaine et assiègent Toulouse. L'empire frank est, maintenant, menacé. Le roi Eudes, qui avait fait la paix avec Charles Martel afin d'avoir les mains libres contre cette invasion prévue, marcha contre les Musulmans à la tête des Aquitains et des Basques levés en masse, et il délivra Toulouse à la suite d'une grande victoire. Les Musulmans, cependant, conservèrent Narbonne, et, dès 725, ils recommencèrent à envahir la Gaule, achevèrent d'enlever la Province Narbonnaise au dernier chef wisigoth, remontèrent le Rhône, puis se jetèrent sur la Bourgogne, qui était démembrée entre ses évêques et ses comtes et n'obéissait point à Charles. Ils coururent jusqu'à Autun et jusqu'aux Vosges, saccageant tout, puis ils se rabattirent sur la Provence; mais les Provençaux, secourus par le roi d'Aquitaine, résistèrent et repoussèrent l'ennemi. Pour venger ces revers, les premiers qu'ils eussent encore éprouvés, les Musulmans rassemblèrent de l'autre côté des monts une seconde et formidable armée, et leur renommé khalife Abdérame descendit à sa tête des hauts passages des Pyrénées en Aquitaine. Le brave roi Eudes fut trop faible, cette fois, pour arrêter un pareil ouragan : son armée fut accablée sur les bords de la Gironde, et le vieux roi, en fuyant par le nord du fleuve, put voir de loin, derrière lui, son opulente ville de Bordeaux en flammes. Sans perdre de temps, il courut trouver Charles, et, afin d'obtenir son secours, se reconnut son vassal (1).

Charles Martel avait employé les dix dernières années à ramener, par une suite de victoires, les Souabes, les Bavarois, les Frisons, les Thuringiens sous la domination des Franks,

____

(1) H. MARTIN, *loc. cit.*

et aussi à entamer les Saxons, les plus puissants et les plus
opiniâtres des païens. Devant l'immense péril qui menaçait
tout l'Occident, Charles suspendit la conquête de la Germanie,
publia son ban de guerre dans tout l'empire frank et marcha
contre les Arabes. Déjà leurs audacieux et légers escadrons,
franchissant les distances comme à vol d'oiseau, couraient jusqu'en Champagne. Abdérame rappela toutes ces bandes dévas-
tatrices et les concentra sur la Charente, pour mener de là son
armée entière saccager la basilique de Saint-Martin de Tours,
qui était, aux yeux de ses coreligionnaires, le grand temple de
l'Idolâtrie dans le pays frank. Mais, à la nouvelle de l'approche
de Charles, qui accourait au secours du vénéré pèlerinage national, le khalife se replia sur Poitiers, et les deux plus grandes
armées de l'Orient et de l'Occident se trouvèrent en présence
dans ces mêmes plaines où, deux cent vingt-cinq ans auparavant, les Wisigoths avaient été vaincus par le roi Clovis. Toute
une semaine entière, les deux partis se regardèrent sans bou-
ger; puis, les Musulmans attaquèrent. Les Franks reçurent im-
passibles, pendant toute la journée, les charges répétées de la
redoutable cavalerie arabe; mais, vers le soir, Eudes, avec ce
qui lui restait d'Aquitains et de Basques, réussit à tourner
l'ennemi et à envahir son camp. L'ennemi fut rompu; la pesante
cavalerie des Franks chargea enfin à son tour, renversa, écrasa
tout. Abdérame fut tué, et son armée disparut à la faveur de
la nuit (octobre 732). Ainsi fut sauvée l'Europe de l'invasion
des Asiatiques du Sud, comme elle l'avait été une première
fois de celle des Asiatiques du Nord. Ainsi fut justifiée la pré-
voyance des anciens évêques gaulois, qui avaient préféré les
Franks aux Goths et appelé Clovis même au prix de beaucoup
de maux : car, si les Gaulois ne se fussent point donnés aux
Franks, et si les Goths, par suite, eussent été les dominateurs
de la Gaule et de l'Occident, les Goths n'auraient pas su défendre la Gaule mieux qu'ils ne défendirent l'Espagne, et l'Europe
fût alors devenue arabe et musulmane; l'avenir du vieux monde
eût été perdu, car, ainsi que l'a parfaitement précisé l'historien
Henri Martin, il se fût trouvé condamné au Fatalisme, qui est

l'immobilité, c'est-à-dire la négation et l'adversaire du Progrès.

La guerre, toutefois, n'était pas finie. Charles Martel n'essaya point immédiatement de compléter son triomphe par l'expulsion des Musulmans de l'ancienne province gothique de Narbonne. Il préféra soumettre la Bourgogne (733), qui ne l'avait pas reconnu jusqu'alors. Une révolte des Frisons l'empêcha de reconquérir aussi la Provence, qui venait de se rendre indépendante sous un duc de Marseille ; il retourna contre les Frisons, les écrasa, les réduisit à sa merci. Les Musulmans profitèrent de son éloignement pour tenter un retour offensif sur la Gaule. Le roi Eudes les défit encore une fois dans les défilés des Pyrénées, et mourut peu de temps après ce dernier succès (735) : son fils Hunald lui succéda comme duc, sous la suzeraineté des Franks. Un nouvel effort des Musulmans, restés maîtres de la Narbonnaise, les ramena du côté du Rhône, où, par ressentiment des pillages des Franks, les seigneurs de la Provence et du pays viennois se donnèrent à eux. Charles accourut de nouveau, refoula les Arabes et leurs vassaux chrétiens, passa le Rhône, courut tout droit à Narbonne et l'assiégea. Une armée de secours, envoyée d'Afrique par mer, fut détruite par lui près de l'étang de Sigean ; néanmoins, il ne put enlever la place, parce qu'il lui fallut subitement retourner vers le Nord contre les Saxons, qu'il contraignit, après une rude campagne, à lui promettre le tribut (737-738). C'est ainsi qu'il était obligé de courir sans cesse d'une extrémité à l'autre de son vaste empire pour frapper tour à tour ses deux ennemis, le musulman et le païen. Enfin, en 739, il conquit la Provence, dompta les seigneurs de ce pays et en chassa les Musulmans. Cette fois, les Arabes étaient expulsés définitivement de la Gaule.

Mais tant de fatigues multipliées avaient épuisé ce corps énergique. Deux ans après, Charles Martel tomba malade. Pressentant sa fin, il manda près de lui tous ses grands et, de leur consentement, partagea sa *principauté*, comme on disait —parce qu'il n'était pas roi— entre son premier et son second fils. A Carloman, l'aîné, il légua l'Austrasie avec la Germanie ;

au second, Pépin, qui fut depuis surnommé *le Bref* à cause
de sa petite taille, il donna la Neustrie, la Bourgogne et la
Provence, avec la suprématie sur l'Aquitaine ; à un troisième
fils, Grippo, né d'une seconde épouse que l'Église traitait d'illégitime, comme elle avait précédemment, à lui, traité sa propre
mère, il n'assigna que quelques domaines dispersés dans les
Etats de ses frères. Il avait, en outre, trois autres fils naturels ;
mais il ne leur laissa rien. Ainsi Charles, qui avait si fort
maltraité l'Église pendant sa vie, céda en mourant, sans
paraître se souvenir de son origine personnelle, aux lois
inflexibles qu'elle avait promulguées contre les enfants nés
hors mariage. Ces dernières dispositions prises, il mourut à
Quierzy-sur-Oise, le 22 octobre 741, et fut inhumé à Saint-
Denis. Il avait été le plus grand homme de guerre qui eût paru
dans le monde depuis les grands généraux de Rome. Mais il subit,
après sa mort, le sort commun à tous les hommes politiques
de son époque : ses dernières volontés ne furent pas respectées.
A peine avait-il fermé les yeux que ses deux fils aînés, les
seuls légitimes aux yeux de l'Église, enlevèrent au fils de la
seconde femme la faible part que lui avait assignée leur père ;
et nul n'osa s'élever contre cette iniquité (1).

(1) H. MARTIN, *loc. cit.*

IV

A la nouvelle de la mort de Charles Martel, le duc d'Aquitaine et le duc des Bavarois se révoltèrent contre la suprématie franke : d'autre part, une grande agitation se manifesta tant parmi les autres vassaux Germains que dans le Clergé de Gaule, lequel avait vu ses privilèges méconnus et anéantis par le prince défunt. En ces circonstances difficiles, Carloman et Pépin agirent avec une prudence extrême, et, comme ils ne se sentaient point aussi forts que leur père, ils ne suivirent pas en toutes choses son exemple.

Le roi mérovingien Childéric étant mort en 729, Charles Martel ne l'avait point remplacé et, depuis ce temps, avait commandé sans roi, comme prince des Franks. Carloman et Pépin proclamèrent roi le fils de ce Childéric, qui portait le même nom que son père, et se firent maires du palais, l'un en Austrasie, l'autre en Neustrie. Les deux frères se réconcilièrent ensuite avec l'Église de Gaule et appelèrent, pour y rétablir l'ordre, l'apôtre de la Germanie, l'anglo saxon Boniface, qui avait reçu du Pape la direction de toute l'œuvre de la conversion des païens d'outre-Rhin avec le titre d'archevêque des Germains, titre alors nouvellement introduit en Occident. Le premier soin de ce haut dignitaire ecclésiastique fut d'assembler en concile les nouveaux évêques de Germanie, afin de réformer l'Église d'Austrasie, qui n'avait pas eu de conciles depuis quatre-vingts ans et qui ne possédait plus alors que deux évêques réguliers. Cette assemblée se tint avec l'autorisation du Pape, qu'on n'avait pas encore jamais demandée jusque-là en pareil cas dans la Gaule. Il y fut décidé, notamment, que les conciles gallicans deviendraient annuels, et que tous les moines seraient soumis à la règle de saint Benoît, qui est, comme on le sait, une observance d'Italie. L'archevêque Boniface présida également divers autres conciles et accomplit la réforme de l'Église en Neustrie, comme il l'avait fait en Austrasie, à titre d'envoyé du Saint Siège, ce qu'on appela plus tard légat du Pape, autre innovation qui entraîna pour l'avenir les conséquences les plus imprévues.

Pendant ce temps, Carloman et Pépin poursuivaient contre les vassaux Germains et contre les Aquitains une double guerre, où le duc Hunald et les chefs Germains prirent plus d'une fois l'offensive contre la Gaule franke. Une partie des peuples d'outre-Rhin convertis à la foi chrétienne s'unissaient aux païens contre les Franks. Les fils de Charles Martel se montrèrent dignes de leur père dans les combats : ils reconquirent les vassaux Germains, et soumirent même une partie des Saxons (742-745). Le duc Hunald, également contraint à reconnaître la suzeraineté des Franks, abdiqua en faveur de son parent Vaïfer. Après ces victoires, Carloman, pris de dégoût pour le monde, remit ses enfants et sa principauté à son frère, puis alla se faire moine en Italie, dans le monastère du Mont-Cassin (747). Cet événement modifia les projets de Pépin et causa, sans nul doute, la perte définitive de la race dégénérée de Clovis (1).

Pépin s'appropria, en effet, tout l'empire des Franks, en faisant élever ses neveux dans un monastère, sans que le peuple se préoccupât de réclamer en leur faveur; plus tard, on les tonsura, et on en fit des prêtres. Par contre, le nouveau prince rendit justice à son frère Grippo, que Carloman avait

____

(1) H. Martin, *loc. cit.*

retenu en prison; il lui fit don de plusieurs comtés. Mais Grippo ne lui sut aucun gré de cette réparation, qu'il jugeait tardive, et il excita les Saxons, les Bavarois et les Souabes à recommencer la guerre contre Pépin. Celui-ci défit et soumit une partie des Saxons, ainsi que les autres Germains rebelles, avec l'aide d'une puissante armée de Slaves de la Bohême et de l'Oder, alliés des Franks. Grippo passa alors en Aquitaine, afin d'y susciter de nouveaux ennemis à son frère (748-749). Pépin, vainqueur de la Germanie, ajourna la conquête de l'Aquitaine jusqu'à ce qu'il eût accompli un grand dessein que, depuis plus de deux ans, il préméditait.

En 751, Pépin dépêcha en Italie un évêque d'outre-Rhin et l'abbé de Saint-Denis, avec mission de demander au pape Zacharie lequel devait légitimement être et se nommer roi de celui qui demeurait sans péril et sans inquiétude en son logis ou de celui qui supportait le soin de tout le royaume et le souci de toutes choses. Le Pape, qui avait de grandes raisons pour souhaiter l'amitié du prince des Franks, manda en conséquence au peuple frank, de par l'autorité de l'apôtre saint Pierre, que Pépin, qui possédait en fait la puissance royale, devait jouir également en réalité des honneurs de la royauté. Pépin convoqua les évêques et les grands à Soissons. Childéric, le dernier des rois mérovingiens, fut déposé, tondu et envoyé comme moine au couvent de Sithieu, dans la ville de Saint-Omer. Pépin, disent les chroniques, fut élevé sur le trône, lui et sa femme, par l'élection de tout le peuple frank, avec la consécration des évêques et la soumission des grands. Il fut oint comme roi, suivant l'usage, par l'archevêque Boniface (752). En consacrant la femme de Pépin comme reine avec son mari, les évêques entendirent consacrer le mariage unique; ce en quoi ils se trompèrent encore, comme on le vit plus tard par l'exemple de Charlemagne.

C'était la première fois que le Pape avait été consulté sur le gouvernement du peuple frank. C'était la première fois que les évêques participaient à l'élection des rois des Franks, jusqu'alors élus seulement par les guerriers, qui les élevaient sur le bouclier. Et, lui aussi, le roi Pépin prêta un serment qu'aucun de ses prédécesseurs n'avait prêté auparavant : celui de maintenir l'honneur et le culte de Dieu, et le droit de chacun, afin que chacun lui rendît obéissance et l'aidât à conserver et à défendre le royaume. La première dynastie était morte : celle des Carolingiens commençait (1).

Il faut reconnaître que les Mérovingiens avaient mérité depuis longtemps leur déchéance; mais il importe de constater aussi que le principat des Maires du Palais, — si glorieux, par contre, qu'il ait été, — fut absolument funeste au royaume frank. Ces descendants des Ripuaires, issus d'une race sacerdotale, déplacèrent complètement l'axe de la grandeur nationale et faillirent mener de parti pris dans l'abîme l'œuvre véritablement providentielle accomplie par Clovis. Étant Germains, ils créèrent de toutes pièces un empire germanique prépondérant, dont le royaume frank ne fut plus que le très secondaire satellite. Germains d'idées et d'actes furent, en effet, Pépin d'Héristal, Charles Martel lui-même, Pépin le Bref et ses deux descendants immédiats, Charlemagne et Louis le Débonnaire : de 681 à 843, pendant près de deux siècles, il n'y eut plus ni Gaule ni France, il n'exista plus officiellement qu'un Empire germanique. Il fallut le démembrement définitif de Verdun pour que la France réapparût enfin avec son roi propre, Charles le Chauve.

C'est ainsi que, la plupart du temps, finissent les Dynasties.. Mais le Peuple conserve sa vigueur native : l'histoire de nos origines n'en est-elle pas la preuve frappante? Chefs Gaulois et rois Franks s'effondrent, les uns après les autres, dans une décrépitude commune; la Nation leur survit, plus forte et plus fière. Le sang des deux races rivales s'est fondu dans un seul corps, le peuple Français, qui réunira désormais les qualités si opposées de ses ancêtres.

(1) H. Martin, *loc. cit.*

TABLE DES MATIÈRES

Paris. — Société d'Imprimerie PAUL DUPONT (CL) 780.12.88.